美人をつくる熟睡スイッチ

小林麻利子

GB

JN185484

はじめに

熟睡スイッチは「うっとり美容」でONになる

はじめまして、ナイトケアアドバイザーの小林麻利子です。

約10年前の私は、様々な症状に悩まされていました。

社会人になって京都から上京し、就職。男性に負けまいと朝から夜遅くまで休みなく仕事を続け、気づいたらストレス太りで身体がボロボロ。

電車のホームで過呼吸になった時は、「ウチの身体、どうなってしまったんやろう……」と、涙が溢れてきて、何度も「このままではまずい……いや、でも頑張らなあかん」と思う毎日でした。けれども、私は劇的に変わりました！


ハードな運動や食事制限なしで、スルリとマイナス8キロを達成。20代前半のあの頃よりも、お肌のツヤが格段によくなりました。30代になった今のほうが、身体も心も最高の状態！　毎日快眠快便で、肩こりや頭痛などの痛みはゼロ。毎日どんなことでも幸せを感じられるような心に生まれ変わったのです。

なぜ劇的に変わったのか。当時、身体が限界に達した時に3日間お休みをい

ただきました。いい機会なので、「早く元気にならねば」と、素人ながら睡眠や就寝前の過ごし方を見直したのです。

難しいことは何もしていません。

毎日睡眠5時間だった私は、**睡眠時間を確保し、起床時刻を定め、就寝前に自律神経を整える習慣**――何年も勉強を重ねた今、わかりました。当時私がやっていたことは「うっとり美容」だったということが。たったこれだけで熟睡スイッチがONになり、4日目の朝には視界に入る景色が変わって見えたのです。

すべてのものが鮮やかに輝き、道に咲いている花や空を飛ぶ鳥にまで、私を祝福してくれているような、それは幸せに満ちた感覚でした。

［うっとり美容と熟睡の関係って？］

うっとり美容

逆算美容

就寝・入浴などの最適時刻を
設定し、体内時計を整備

&

うっとり習慣

乱れやすい自律神経を
コントロール

熟睡スイッチ ON

熟睡

✦寝つき、寝起きが爽快✦
✦深い睡眠が出現✦
✦心理的・肉体的に健康✦

美・健康

熟睡 POINT

熟睡スイッチとはONにすることで質のよい睡眠を得られる体内メカニズム！

まずは熟睡スイッチの状態を知りましょう

「美人は寝ている間につくられる」

こう聞いても、あまりピンとこないかもしれません。確かに寝不足だとお肌が荒れがちだということは、誰もが経験則として知っています。けれども**快眠のメリットは、何も「つや肌」だけではありません。**

まず感情のコントロールがしやすくなります。抑えられない食欲などとは無縁ですし、朝の寝起きが格段によくなるので、午前中から仕事や勉強がはかどります。もちろん、ちょっとやそっとで体調を崩すこともありません。

とはいえ「だったら、長く寝ればよいのか」と言えば、答えはＮＯ。そもそも成長ホルモンの量はたくさん寝ても増えませんし、「長時間寝る人の寿命はむしろ短い」という研究も報告されています。

熟睡できていない人の特徴をまとめたのが左ページのチェック項目です。あてはまるものにチェックしましょう。２個以上あてはまる人は睡眠に問題アリ。12ページの「熟睡スイッチＣＨＥＣＫチャート」で改善点を確認しましょう。

[あなたはいくつ、あてはまる？]

- □ 毎朝パッと気持ちよく目覚めることができない
- □ なかなか寝つけないことが多い
- □ 夜中に何度か起きてしまうことがある
- □ つい二度寝をしてしまう
- □ 昼間にどうしようもない睡魔に襲われる
- □ 寝る直前までスマホやテレビ等を見てしまう
- □ 休日は平日よりも２時間以上遅くまで寝てしまう
- □ イライラや憂鬱感をいつも感じている
- □ やる気がでない、集中力が続かない
- □ 食欲が止まらないことがある
- □ 同僚や友人、彼氏、家族とよくケンカになる
- □ 睡眠以外のことで病院にかかっている
- □ 生理前はイライラする
- □ 1年に2回以上風邪をひいてしまう
- □ 彼や夫に過剰な嫉妬や、執拗な干渉をしてしまう
- □ 夕飯前に食欲が止まらず、ついお菓子をつまんでしまう
- □ プレゼンや商談など大きな仕事は午前中には入れたくない

熟睡スイッチとは、ONにすることで質のよい睡眠が得られる体内メカニズムのこと。このバランスを整えることが、いわゆる「美人」へのパスポート。**この熟睡スイッチをONにして睡眠の質を高めるには、**寝る前の過ごし方、入浴、食事、**日ごろの意識やルーティンを変えるだけ。**それだけで、スムーズに熟睡スイッチをONにできる身体に生まれ変われます。「美人に生まれ変われる」と言い換えてもよいでしょう！

たった3日で、あなたは美人に生まれ変わる！

「ブルーマンデー」という言葉にあるように、週末を遅寝遅起きで過ごすと、休み明けの体調が悪くなりがち。ですが、最近の研究によれば、月曜日どころか、水曜日まで体調不良の続く可能性があることが、オーストラリアで２００８年に発表された研究でわかっています。

つまり、週末に体内時計が乱れると、いつものペースに戻るまで「３日間を要する」ということ。

［ 休日の遅起きで休み明けの体調が変わる！ ］

Aグループ
金・土曜日の午前0時に就寝
翌朝午前10時半ごろ起床

Bグループ
金・土曜日の午前0時に就寝
翌朝午前7時半ごろ起床

Aのほうが Bよりも眠気や疲労感が翌月曜日だけでなく水曜日まで高かった
A は Bよりも体内時計のリズムが後ろにずれていた！

逆に言えば、「3日間あれば、ずれた体内時計を元に戻せれる」ということです。

だから、**本気を出すのは、たったの3日間！**
この3日間だけ、私に預けてください。その後の習慣継続が大変重要なので、できれば仕事のある平日を預けていただきたいと思います。

もちろん「体調を整えるためだけに仕事を減らすなんて、ありえない！」かもしれません。実際私も思っていました。

でもね。本当にそれでいいの？
その働き方、身体を悪くしている元凶じゃない？
自分のキャパシティ超えていない？
もっとキレイに美しくなりたいんじゃない？

美しくなるって、実はとっても簡単なこと。

眠りの傾向をつかんだら、あとは熟睡スイッチをONにするだけ。寝る前の過ごし方、入浴、食事、日ごろの意識やルーティンを美人習慣にチェンジしましょう。

美しくなるためのプラスαの部分に目が行きがちですが、そうではなくて、まずはあなたの生活習慣を整えることが重要だと心から思います。お金をかけることなく、過度な労力を費やさず、自分にとってむしろ気持ちのよいこと、心地よいことを毎日繰り返し続けていくことが真の美容液なんです。

この本があなたの良質な睡眠をサポートし、あなたの美を引き出すきっかけになることを願っております。

生活習慣改善サロンFlura代表／ナイトケアアドバイザー
小林麻利子

STAFF

Planning	坂尾昌昭
Design	森田千秋
Illustrathion	東山容子
Management	名和裕寿、北村朋子（SDM）

もっと美人になりたい!

熟睡スイッチCHECKチャート

あなたの眠りの傾向をつかんで、熟睡スイッチをONにしましょう！　質問に答えていくだけで、あなたのタイプがわかります。タイプ別の解説は、ページをめくってご確認ください。

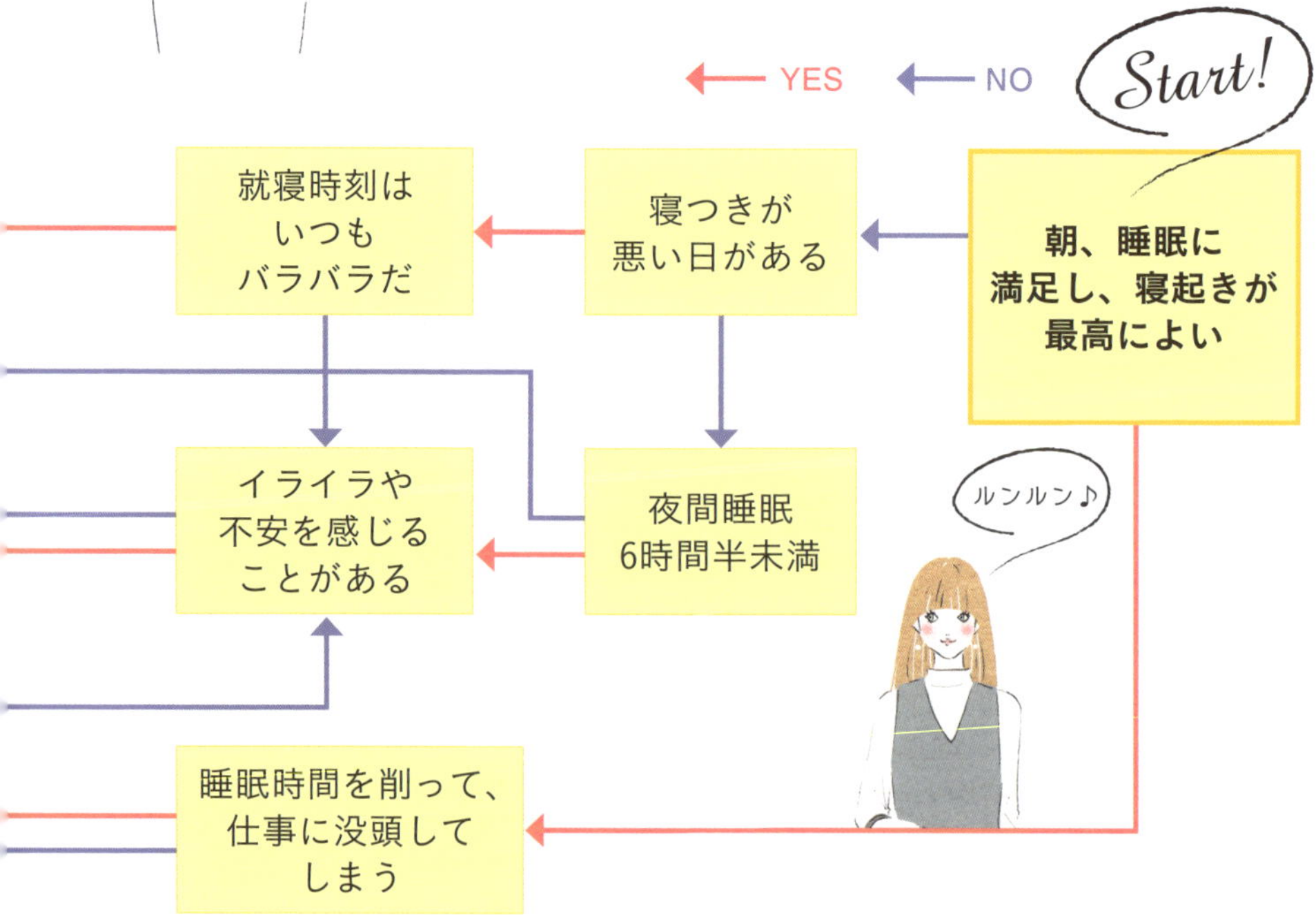

YES
NO
Start!
朝、睡眠に満足し、寝起きが最高によい
寝つきが悪い日がある
就寝時刻はいつもバラバラだ
夜間睡眠6時間半未満
イライラや不安を感じることがある
睡眠時間を削って、仕事に没頭してしまう
ルンルン♪

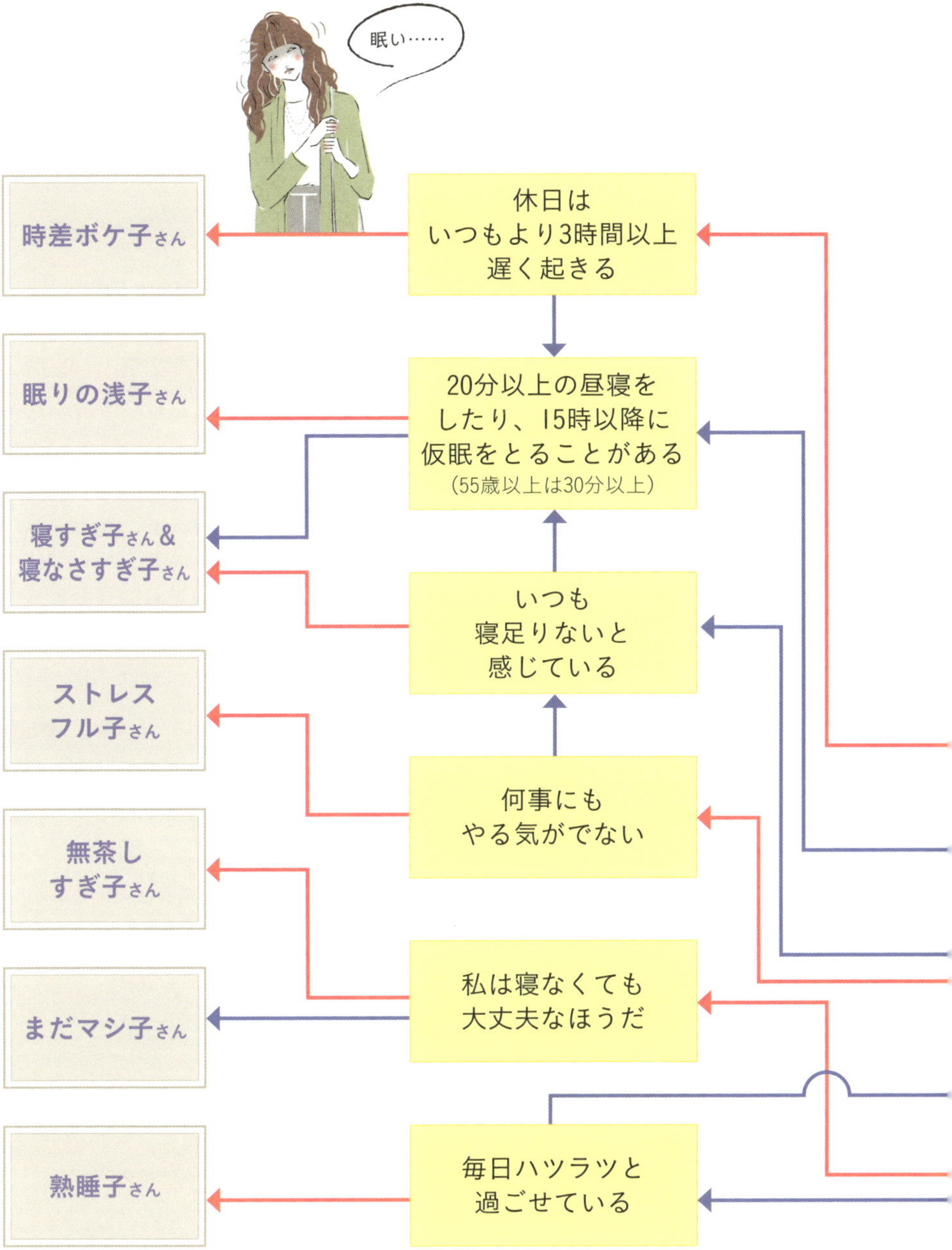

タイプ別の処方箋をCHECK!

diagnosis

睡眠課題 タイプ別診断

熟睡スイッチCHECKシートであなたのタイプがわかったら、睡眠課題をさっそく確認！ 本当は全部読むべきだけど、指定のページは特に要CHECKの項目。うっとり美容で改善していきましょう。

時差ボケ子さん

体内時計がずれている可能性が。日本にいながら海外にいったような時差ボケを経験しているかも。月曜日の朝、しんどい人が多いようです。

Let's CHAPTER 1〜3

その後、⇩でルーティンを変える！

- 朝の二度寝より、昼寝で美人になる　P.114
- 「月曜日がつらい」を解決する　P.118
- 長期休みはキャンプへ行こう!　P.120
- 休日のブランチは不美女の始まり!?　P.130

◁ 本編へGO!

寝すぎ子さん＆寝なすぎ子さん

睡眠時間が短すぎるか長すぎるので6.5〜8時間を目指しましょう。確保できていても、ちょうどよい脳波の時に目覚めていないかもしれません。

Let's CHAPTER 1〜3

その後、⇩でルーティンを変える！

- 朝の二度寝より、昼寝で美人になる　P.114
- 40℃以下の極楽タイムで熟睡スイッチをONにする　P.88
- 朝ストレッチで寝覚めすっきり!　P.116
- 「月曜日がつらい」を解決する　P.118

◁ 本編へGO!

眠りの浅子さん

そもそも、深い睡眠が出現していない可能性が。その場合は成長ホルモンがきちんと分泌されていないと考えられます。

Let's CHAPTER 1〜3

その後、⇩でルーティンを変える！

- 朝の二度寝より、昼寝で美人になる　P.114
- 40℃以下の極楽タイムで熟睡スイッチをONにする　P.88
- 朝ストレッチで寝覚めすっきり!　P.116
- いつでもどこでも、ながらエクササイズ　P.124

◁ 本編へGO!

無茶しすぎ子さん

そのまま身体に負担なく過ごし続ける方もいるかもしれませんが、あとから大きな落とし穴があり、身体を壊す可能性も。

Let's CHAPTER 1

その後、⇩でルーティンを変える！

・うっとり美人は頑張りすぎない P.150
・「月曜日がつらい」を解決する P.118
・長期休みはキャンプへ行こう! P.120
・忙しい女子のための残業ごはんは食前のガムがポイント P.132

◁ 本編へGO!

ストレスフル子さん

ご自身のストレス状態を適切に対処できていないようです。ストレス状態をまず自分で気づき、その上で論理的にクリアしていきましょう。

Let's CHAPTER 1〜3

その後、⇩でルーティンを変える！

・寝る前のイライラの賢い対処法 P.62
・「考える」ことで悩みがちな自分から卒業する! P.144
・ストレスの賢い対処法は、うっとり習慣のスペシャリテ P.146
・考え方を変えると熟睡スイッチがONになる P.148

◁ 本編へGO!

熟睡子さん

夜の眠りも身体も心も最高の状態です。さらによい眠りを手に入れて、今よりもっと美に磨きをかけちゃいましょう。

Let'sうっとり美容

おさらいのつもりで全編を読み進めてみてください。いつも何気なくやっていることが、美しさの秘けつだと実感できることでしょう！

◁ 本編へGO!

まだマシ子さん

責任感が強く自分を犠牲にしているようです。多忙の際に不調の波が押し寄せないよう、気になる不安の芽は今から摘んでおきましょう。

Let's CHAPTER 1

その後、⇩でルーティンを変える！

・うっとり美人は頑張りすぎない P.150
・「考える」ことで悩みがちな自分から卒業する! P.144
・ストレスの賢い対処法は、うっとり習慣のスペシャリテ P.146
・忙しい女子のための残業ごはんは食前のガムがポイント P.132

◁ 本編へGO!

CONTENTS

CHAPTER 2

就寝30分前の美人習慣《うっとり》

CHAPTER 3

熟睡美人のためのベッドルーム

CHAPTER 4

美人だけが知っているうっとり入浴

CHAPTER 5

もっと美人になるお昼ルーティン

COPY

CHAPTER 1

美人をつくる 逆算美容

熟睡スイッチをONにするために重要なのは、起床・就寝・入浴・夕食時刻、そして就寝前にうっとりする時刻を「逆算」して決めること。体内時計と自律神経をメンテナンスして、熟睡美人になりましょう。

美人に生まれ変わるための6つの「最適時刻」

このタイプは要CHECK

熟睡スイッチの故障を修理するために、まずあなたに行っていただきたいのが逆算美容です。

逆算美容とは、起床時刻から逆算して就寝や入浴、食事の最適時刻を設定すること。これにより、体内時計が整ってよい睡眠が得られ、美人に生まれ変わることができます。

一般的に人は太陽が昇ったら目覚め、太陽が沈んだら眠りますが、太陽の光や時計がなくたって、約24時間で睡眠周期や体温などの状態変化が起こります。

このように、身体の中で時計のように時を刻むメカニズム——これが「体内時計」です。

そして私たちの身体は、もっとも効率的に一日を過ごすための時間が体内時計によって決められています。

熟睡 POINT

最近では23時間から26時間程度まで、体内時計に個人差が存在することがわかっています。また、体温は夕方に高く、脳活動は太陽が高い時間に活性化し、眠りに必要なメラトニンというホルモンや副交感神経は夜間に優位に働きます。

これは私たちの睡眠や体温、消化、月経周期、ホルモン分泌などにそれぞれの時間軸があり、それぞれが最高のパフォーマンスをしてくれる時刻が定まっているということなのです！　これってすごいこと！

例えば、消化をサポートする体制が整っている時間に食事を摂ると、胃腸に負担をかけずスムーズに消化してくれます。体温がまだ上がりきっていない時刻に起床しようとしても、なかなか気持ちよく起きられないのも、体内時計によるものです。だとしたら、最適な時刻で生活習慣を送るほうが、お得と言えますよね！

そうとわかれば善は急げ。逆算美容を行う上で決めるべきことは、以下の6つです。

①起床時刻

②就寝時刻

③就寝前のうっとり習慣タイム

④入浴終了時刻

⑤入浴開始時刻

⑥夕食開始時刻

[熟睡子の場合]

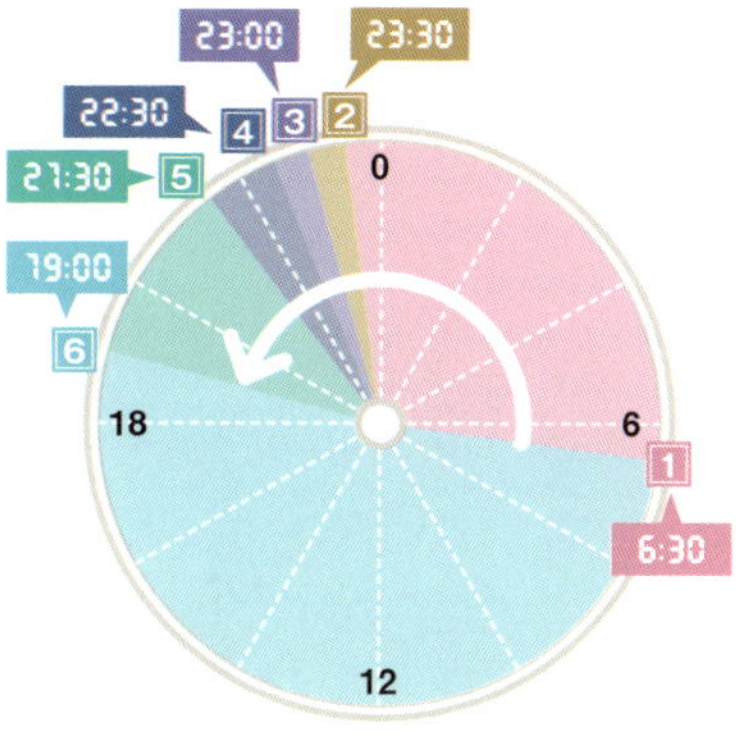

とある熟睡子の場合は6：30の起床時刻から逆算して就寝23：30、23：00からうっとり、入浴開始21：30、夕食開始19：00となります

起きる時刻は、家を出る時刻から逆算を

1 起床時刻

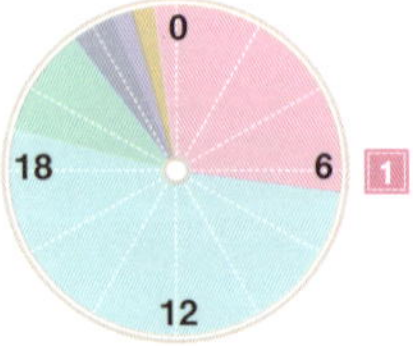

まずは起床時刻を設定しましょう。この時刻に起きたら、朝の光を十分に浴びながら穏やかに朝食を食べられ、落ち着いて身支度ができ、そして元気よく出勤できる、という時刻です。

起床時刻が早すぎると睡眠時間が短くなりますし、遅すぎると朝食の時間も、胃腸がリラックスする時間もなくなって便秘を促進してしまいます。そうならないために、起きてから家を出るまでの時間も逆算して決めましょう。

また、目覚まし音では起きられないからといって、起床したい時刻の例えば30分前から何度もスヌーズ機能を利用されている人はいませんか？　実は、**スヌーズ機能はすっきり寝起きの大敵**なのです。

なぜでしょう？　それを知るカギが「睡眠段階」です。

浅い・深いという言葉があるように、睡眠には段階があります。

このタイプは要CHECK

[睡眠時間とレム＆ノンレム睡眠出現パターン]

参考：快眠寝具研究所HP

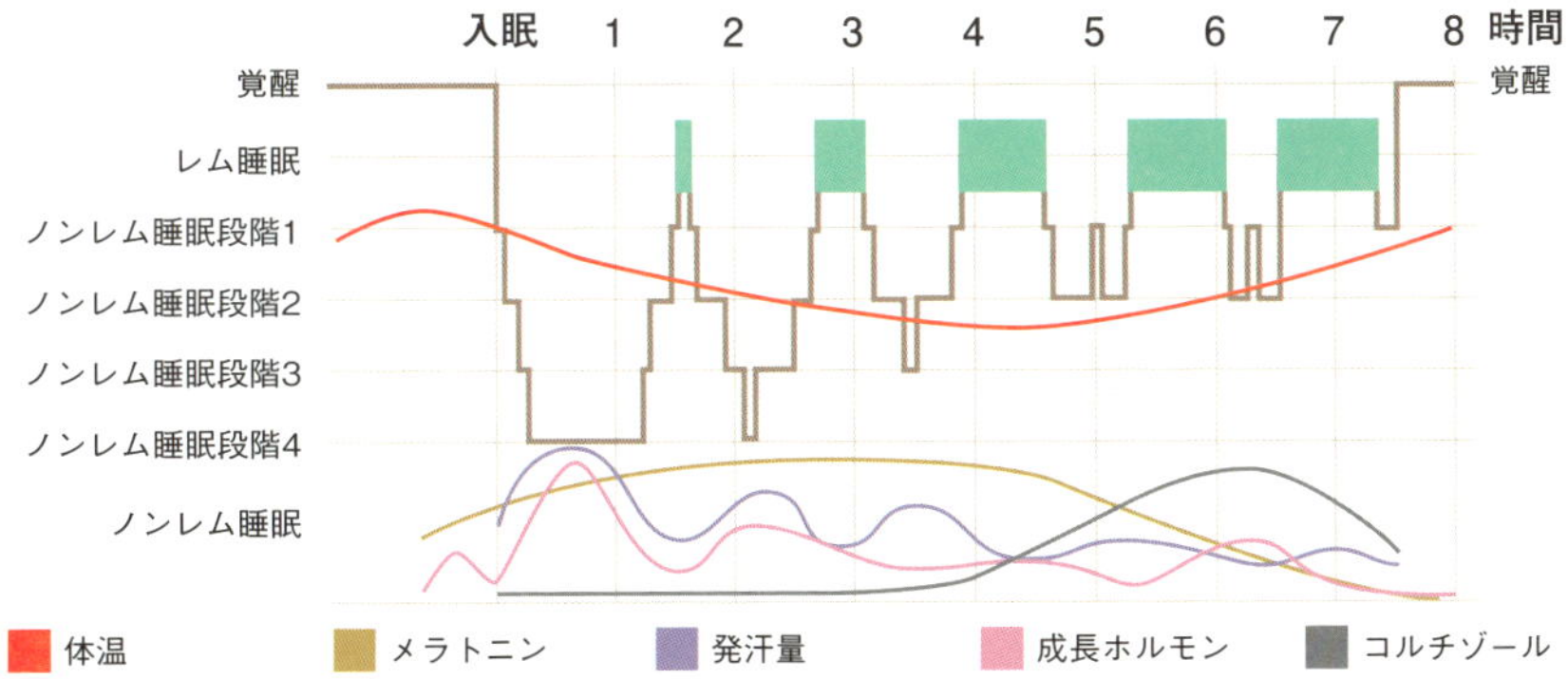

熟睡 POINT

レム睡眠は、脳が覚醒に近い状態の睡眠。とはいえ一概に「浅い眠り」とは言い難く、筋肉の弛緩が著しかったり、心拍数や呼吸数が著しく不規則だったりします。記憶や感情の整理や消去もしています。
ノンレム睡眠は、脳を積極的に休息させ、熱を下げる睡眠です。浅いまどろみ状態からぐっすり熟睡状態まで幅があり、特に睡眠段階3〜4が重要。細胞修復や増殖を行いますが、中には深い睡眠が出現しない方も。

図のように、ノンレム睡眠は、1↓2↓3↓4へと深くなったあと、4↓3↓2↓1と浅くなっていき、その後、レム睡眠が出現します。この睡眠段階でもっとも重要なのは睡眠段階3〜4。本来は寝始めてから約3時間で80〜90％出現し、成長ホルモン分泌のトリガーになります。しかし、スヌーズ機能で何度も起きたり寝たりすることで、朝方出現するはずのない睡眠段階3〜4と同じ脳波が出現することがわかっています。

深い睡眠時にスッキリと目覚めようにも、無理なものは無理。だって、深夜2時頃にたたき起こされていることと同じなのですから……。ここは心を決めて、スヌーズ機能は利用しないようにしましょう。

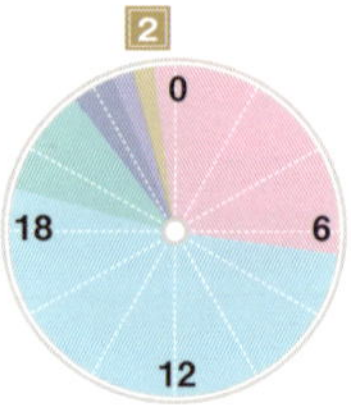

2 就寝時刻

就寝時刻を決める ～ミランダ・カーの睡眠時間は7時間～

このタイプは要CHECK

時差ボケ子
眠りの浅子
寝すぎ子＆寝なすぎ子
ストレスフル子
無茶しすぎ子
まだマシ子

起床時刻を決めたら、次は就寝時刻です。

アメリカで発表された１００万人以上の追跡調査によれば、健康に支障をきたさない睡眠時間は６時間30分～８時間未満。日本でも10万人以上の調査で７時間という結果が出ています。

美肌有名人の睡眠時間はというと、ミランダ・カーさんが7時間、ペネロペ・クルスさんは8時間――きれいな方は、やっぱりたっぷり寝ていらっしゃいます。

美人を目指すあなたも、**睡眠時間6時間半～8時間は確保**できるよう、就寝時刻を定めましょう。

こう書くと、「眠りのサイクルは90分だったっけ……じゃあ7時間半眠ろう」という人が多いかもしれません。けれども、**最適睡眠時間には個人差があります。人によっては4時間だったり8時間だったりするのです。**

なぜなら、睡眠中は、ノンレム睡眠（60～70分）とレム睡眠（10～30分）を合わせて

70～100分の睡眠が、一晩のうちに4～5回出現するからです。

というわけで、あなたの**最適睡眠時間を知るには、探ってみるほかありません。**

[最適な睡眠時間の探り方]

睡眠時間を記録

1 **休日前夜に平日と同じ時刻に就寝し、目覚まし時計をかけずに自然に起床した睡眠時間を何度か記録。**

⇩

就寝時刻を調整

2 **理想の睡眠時間となるよう就寝時刻を調整。現状の睡眠時間とかなり差があるようなら、毎日15分ずつ前にずらします。**

Warning

日中の過ごし方や寝室環境によっても違いが出るため、目覚まし時計は最適な睡眠時間だと思う時間から10分後にセットすること。

Judgement

もしも目覚まし音で目覚めてしまったら、その睡眠時間では短いということ。一番よい寝覚めというのは、目覚まし音で起きるのではなく、浅い睡眠から自分の意志で自然に起きるものです。目覚まし音で起きてしまった場合、家を出る時刻から逆算した起床時刻を調整するのは難しいでしょうから、就寝時刻の調整が必要、ということになります。

熟睡 POINT

体内リズムや自律神経バランスが乱れている場合、寝ている途中に起きてしまったり、設定した起床時刻よりも数時間前に起きてしまったりと、最適な睡眠時間が確認できない可能性があります。該当する人は、仮の最適睡眠時間を定めたうえでCHAPTER 2のうっとり習慣に3日間チャレンジしてから探ってみましょう。

プチ不調に効く、うっとり習慣タイム

このタイプは要CHECK

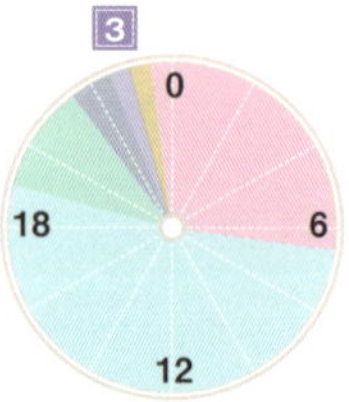

3 就寝前のうっとり習慣タイム

就寝時刻が決まったら、うっとり習慣の時間を確保しましょう。**就寝時刻までの30分間、最低15分間は「うっとり」過ごすことが、熟睡スイッチのケアにつながります。**けれどもなぜ、うっとり過ごす必要があるのでしょう？　それを知るには、自律神経について少しだけ知っておいたほうがいいでしょう。

自律神経とは、内臓や血圧、体温などを無意識のうちに調整している神経のことで、緊張や興奮の時に優位になりやすい交感神経と、落ち着いている時に優位になりやすい副交感神経があり、ふたつはアクセルとブレーキのような関係です。そして、体内時計の観点から夜は交感神経よりも副交感神経が優位になるようになっています。

けれども、もしあなたが、なんとなく体調が優れないプチ不調の自覚があるなら、交感神経系が刺激されているのかもしれません。**本来は副交感神経が優位にならなければならない時に、交感神経が緊張している状態にあるというのが、自律神経のバランスの**

乱れの一番の原因なのです。ここで、「うっとり」の登場です。**この「うっとり過ごす」という行為こそが、副交感神経を刺激し、熟睡スイッチのメンテナンスにつながります。**テレビを見て大笑いをしたり、友人と騒いだりする「リフレッシュ」は、もちろん生きる上で大切なことかもしれません。けれどもプチ不調改善にもっとも効率がよく、もっとも簡単な方法は、就寝前の時間をうっとり過ごすことなのです。

「私、今本当にうっとりしていて気持ちがいい…あぁ極楽……」

皆さんは、毎晩そのように思える時間を用意できていますか？ 時間を決めてその空間にふわふわと浮いてみるだけで、高まっていた交感神経系がどんどん低下していき、自律神経のバランスが整ってきます。

なんとなく身体が優れないプチ不調の方の多くは、お風呂から上がってからバタバタと落ち着く時間もなく過ごしていたり、寝る直前までスマートフォンを利用していたり、うっとりとはかけ離れた生活を送られているはず。ストレッチをしたりアロマを焚いたり、ぜひ、ご自身が「うっとり」する過ごし方を見つけてください。具体的な方法は、CHAPTER2で解説しますね。

入浴は就寝の何時間前がベスト？

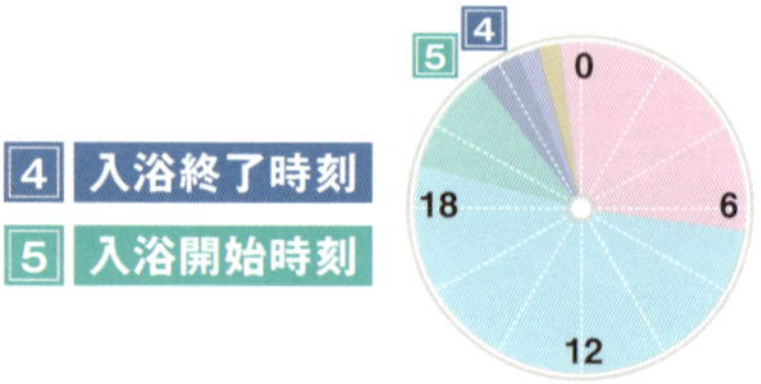

就寝前のうっとり習慣タイムが決まったら、次は入浴終了時刻です。**室温や入浴時間によっても違いますが、夏場は就寝の約1~2時間前に、冬は約30分~1時間前にお風呂から上がるようにしましょう。**ぐっすり眠るために味方につけたいのは、深部体温（脳や内臓など身体の中心部の温度）の低下。入浴で皮膚表面の血流が促進して体温が上がると、手足末端や皮膚表面から体外に熱が逃げるため、通常よりも深部体温が急降下します。

実は、この体温の上下変動幅が大きく、低下する時間が短いほど、睡眠を持続させる時間が長くなるのです。**睡眠中に何度か起きてしまったり、朝方早い時間に起きてしまったりする方は、シャワーを浴びるだけで大きな深部体温の下降が見られなかったり、体温が高すぎる状態、もしくは体温が低すぎる状態で眠りについているのかもしれません。**

入浴開始時刻も決めましょう。

[入浴で深部体温をコントロールする]

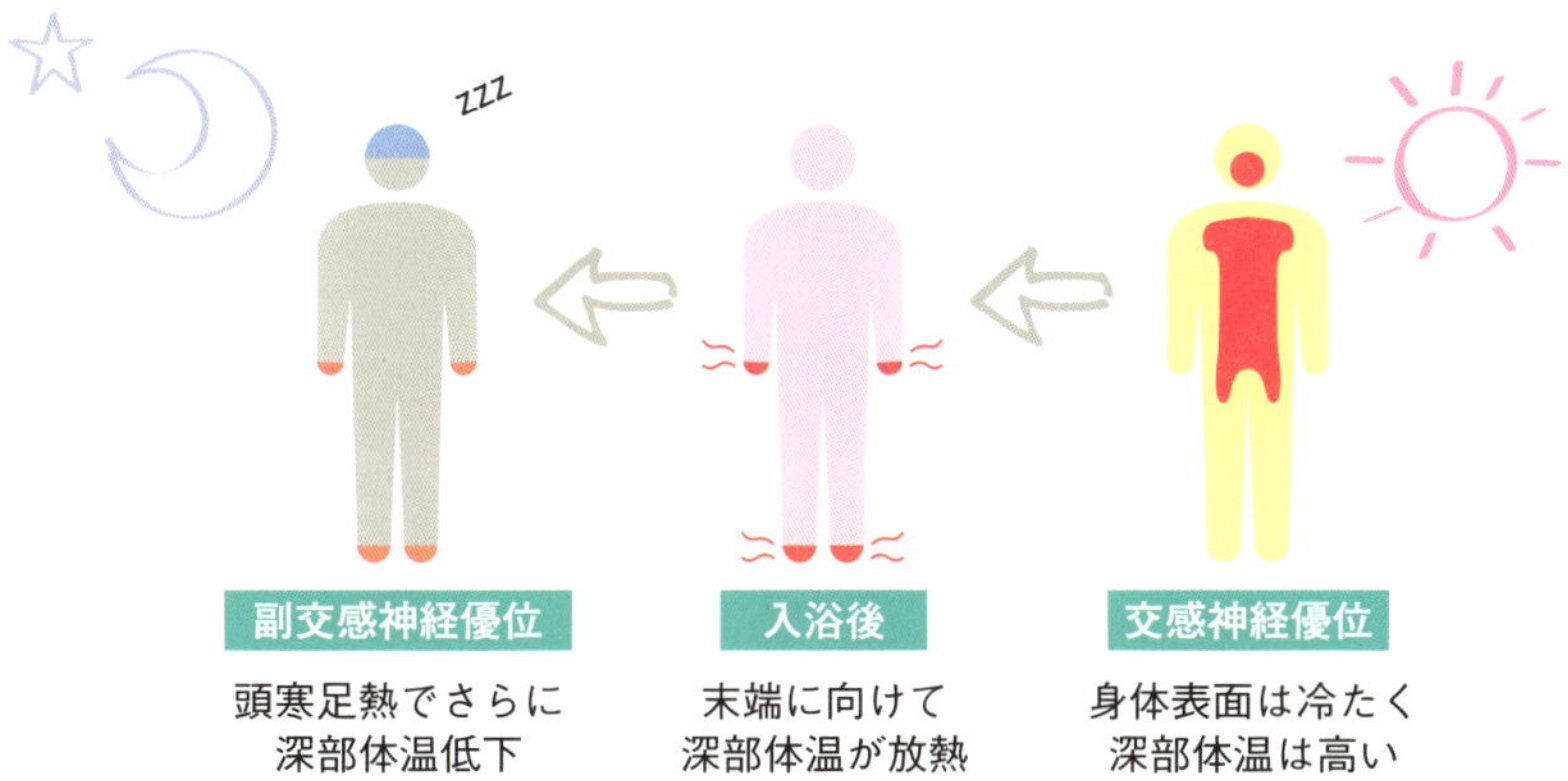

入浴の目的によって入浴時間は変わりますが、温熱効果を感じるために湯船に15分、そして長い髪の毛を洗うのに15分かかるとして計30分。予備時間5分を追加して、入浴終了時刻から逆算して少なくとも35分前には入浴しましょう。

就寝時刻だけを意識して夜を過ごすと、だらだらと時間が経過して、いつのまにか入浴や入浴後のうっとり習慣タイムがなくなってしまいがち。**就寝時刻よりむしろ、入浴開始時刻を必ず守るようにしましょう。**

[入浴終了時刻の目安]

ぐっすり眠るためには入浴終了時刻がとっても大切！

夕食の時刻は就寝4～5時間前までに！

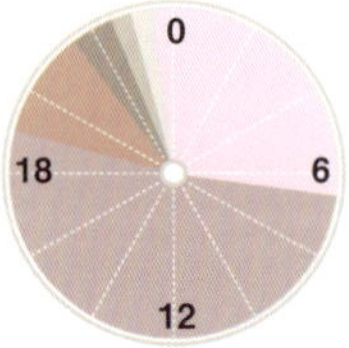

6 夕食開始時刻

夕食の開始時刻は就寝3時間前と言わず、本来は4～5時間前には終わらせておきたいところ。夕飯が「夕」食ではなく、「夜」食になっていませんか？　20時から食べ始めているようでは、それは夕食ではなく、夜食です。食事は体内時計を正常にさせる役割も担っていて、夜遅くの食事はそれだけ体内時計を後ろにずらしてしまいます。**また、入浴や睡眠などで内臓の休息が必要な時間帯にかかってしまい、睡眠も消化も中途半端な活動になり、睡眠の質が下がったり翌朝の便秘につながる可能性も。**

また、夜遅くの食事は太りやすいという側面もあります。夜間は自律神経の副交感神経が優位になり、休息モード。消化器系の活動も低くなる一方、ＢＭＡＬ１という脂肪蓄積を促すたんぱく質が増加します。例えば２００９年の女子栄養大学の研究では、朝と夜遅くに同じ食事を摂った場合、食事エネルギーの75％が脂肪として蓄積されることがわかっています。

同じく２００９年に発表された名古屋大学のラットの研究でも、食事タイミングが乱

このタイプは要CHECK

- 時差ボケ子
- 眠りの浅子
- 寝すぎ子＆寝なすぎ子
- ストレスフル子
- 無茶しすぎ子
- まだマシ子

[夕食の時刻で体重に差が出る！]

熟睡 POINT

最適な栄養摂取量と運動を揃えても、食事の時刻が乱れるだけで肥満度が上がることが確認されています。だから、食べる時刻はとっても大事！

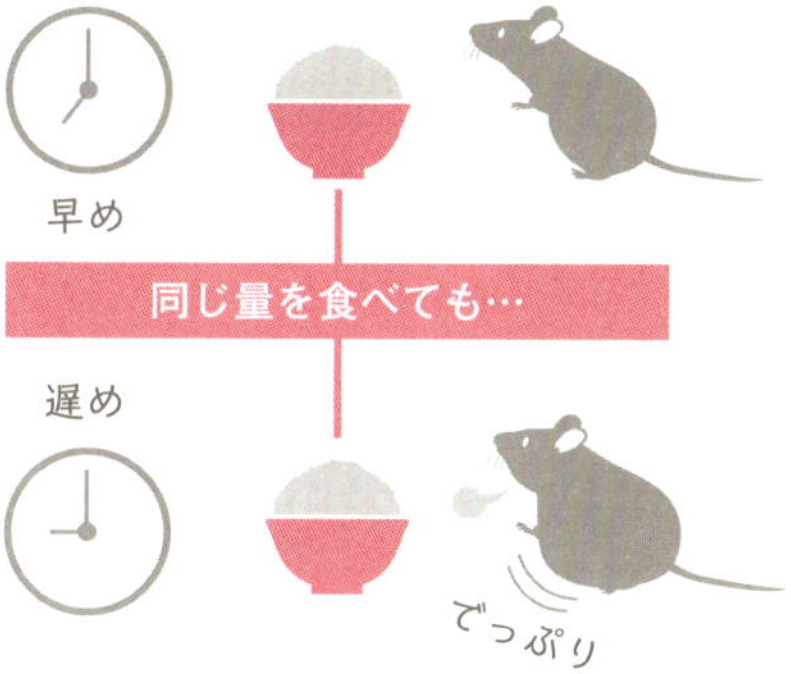

れるだけで血中コレステロールが増加することがわかっています。

といっても、お仕事でどうしても難しい方もいることでしょう。**遅い時間の食事が避けられない場合は、夕食を2回に分ける分食をしましょう。**詳しくは後述しましたのでご覧ください（132ページ）。美人になるためには食事内容以上に、食事時刻に気をつけましょう！

ちなみに、朝食は午前中のパフォーマンスを上げるためにも必ず摂るようにしましょう。バランスのとれた朝食は、様々な体内時計のリズムをメンテナンスして活動を高めてくれます。体内時計のリズムが整っていれば、正午までに体温を約1・5℃も上昇させられるほどです。けれども朝食を抜いた場合、体内時計がエネルギー不足を予測して身体の活動を下げるため、体温上昇はわずかにとどまるということが女子栄養大学の研究でわかっています。午前中にエンジンがかからないのは、体温や血圧が低い証拠。朝の食欲がなく、朝食欠食になっているのであれば、単純に夕飯を早めたり、睡眠改善に力を注ぐようにしましょう。

あなたのうっとりできるオリジナル時間割を作りましょう！

それでは実際にあなたの「最適時刻」を決めていきましょう。起きる時刻から逆算して、あなただけの時間割をつくってみてください。最初から「きっちりやろう！」と意気込みすぎてもよくないけれど、まずは3日間は頑張りましょう！

このタイプは要CHECK

- 時差ボケ子
- 眠りの浅子
- 寝すぎ子&寝なすぎ子
- ストレスフル子
- 無茶しすぎ子
- まだマシ子

熟睡子の！ 熟睡スイッチをONにする時間割設定

起きる時刻から逆算

6 19：00 夕食開始時刻／就寝4.5時間前

食事の消化にかかる時間から逆算。体内時計の観点から、目標20時までには食べ終わりたいところ。

5 21：30～22：30 入浴タイム
4 お風呂から上がるのは、就寝30分～2時間前

眠くなるのは湯船につかって上がった体温が下がる時。となると寝る30～2時間前を目安に上がって。

3 23：00～ 就寝前のうっとり習慣タイム 就寝15分～30分前

自律神経をケアします。寝たいと思う時刻の約30分前に寝室へ。ストレッチやアロマなどで副交感神経を刺激。

2 23：30 就寝時刻

何時に眠るかは何時に起きるかで決めること。ミランダ・カーは7時間睡眠。

1 6：30 起床時刻

起きたらカーテンを開けて朝の光をしっかり浴びて、体内時計をリセット。

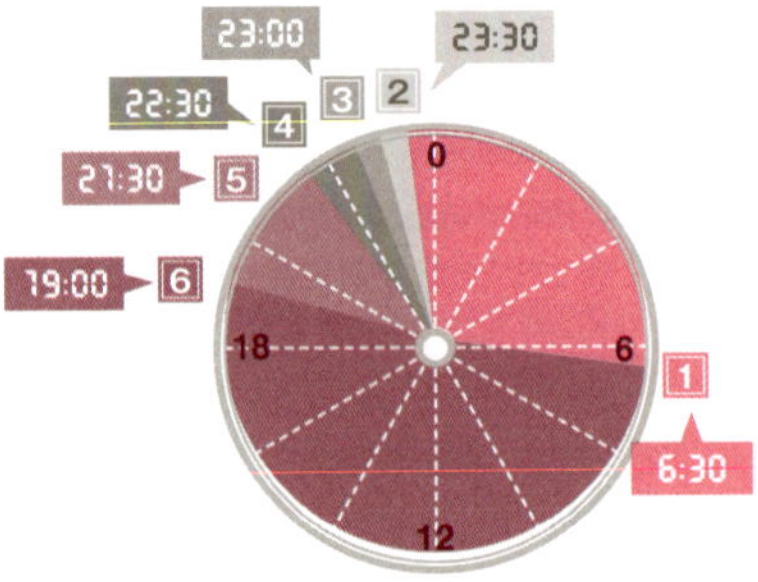

書き込みましょう！

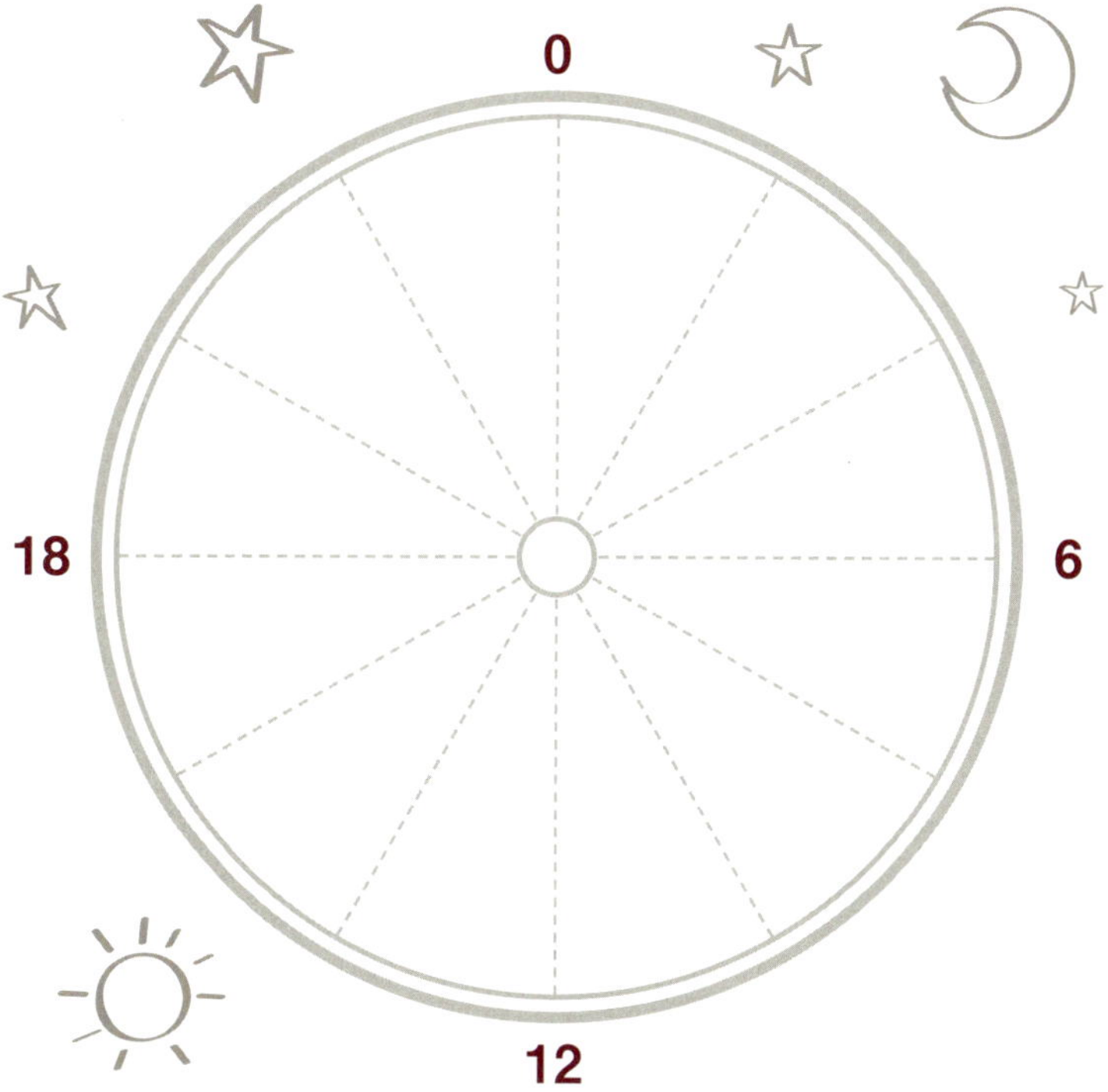

時間を決められるなんて、小学生みたい？
でもね、時刻をコントロールすることは、体内時計を整えること。
これこそが、熟睡スイッチの最高のメンテナンス！
美人をつくる第一歩なのです。

細胞レベルでキレイになる

美人をつくる熟睡スイッチ

CHAPTER 2

就寝30分前の美人《うっとり》習慣

就寝30分前にうっとりするのが、熟睡美人のマストな習慣。まずは「うっとりするか・しないか」を基準に環境を整えて、ウォームインプットやリンパマッサージ、ストレッチを。呼吸法も要チェック。パジャマに着替えて、いつでも寝られる準備をしてから行いましょう。

「だらだら」と「うっとり」は完全に別もの

このタイプは要CHECK

- 時差ボケ子
- 眠りの浅子
- 寝すぎ子＆寝なすぎ子
- ストレスフル子
- 無茶しすぎ子
- まだマシ子

熟睡 POINT

うっとり＝副交感神経が優位
≠だらだら

美に直結するもっとも大切なことは「寝る前のうっとり」です。就寝前の30分間、少なくとも15分間は、この章でご紹介する「うっとりケア」を行いましょう。これを寝る前に導入するのとしないのでは大違い！

自律神経はとても繊細で、自宅に帰っても仕事のことを考えるだけで乱れることがあります。考え事をしている時は頭が熱く手足は冷たい状態で、交感神経が刺激されている状態。前のＣＨＡＰＴＥＲでも書いたとおり、熟睡スイッチをＯＮにするには夜、就寝前に副交感神経を優位にさせる必要があります。

かといって、何も考えずスマホ片手にテレビを見ながらだらだら過ごし、気づいたら深夜近くでお風呂につかる時間もなく、急いでシャワーを済ませて眠くなるまでスマホでネットサーフィン……これがよいはずはありません。

だらだらしている時は、確かにリラックスはしているかもしれません。けれど、うっとりしてはいません。「だらだら」と「うっとり」は別もの！　うっとりというのは、

きちんと副交感神経が刺激されている状態を指します。

熟睡スイッチをONにして美人への切符を手に入れたいなら、必ず就寝30分前から「うっとり」する時間を過ごしましょう。キーワードは、「それ、うっとりする?」です。

[「うっとり」と「だらだら」違いって?]

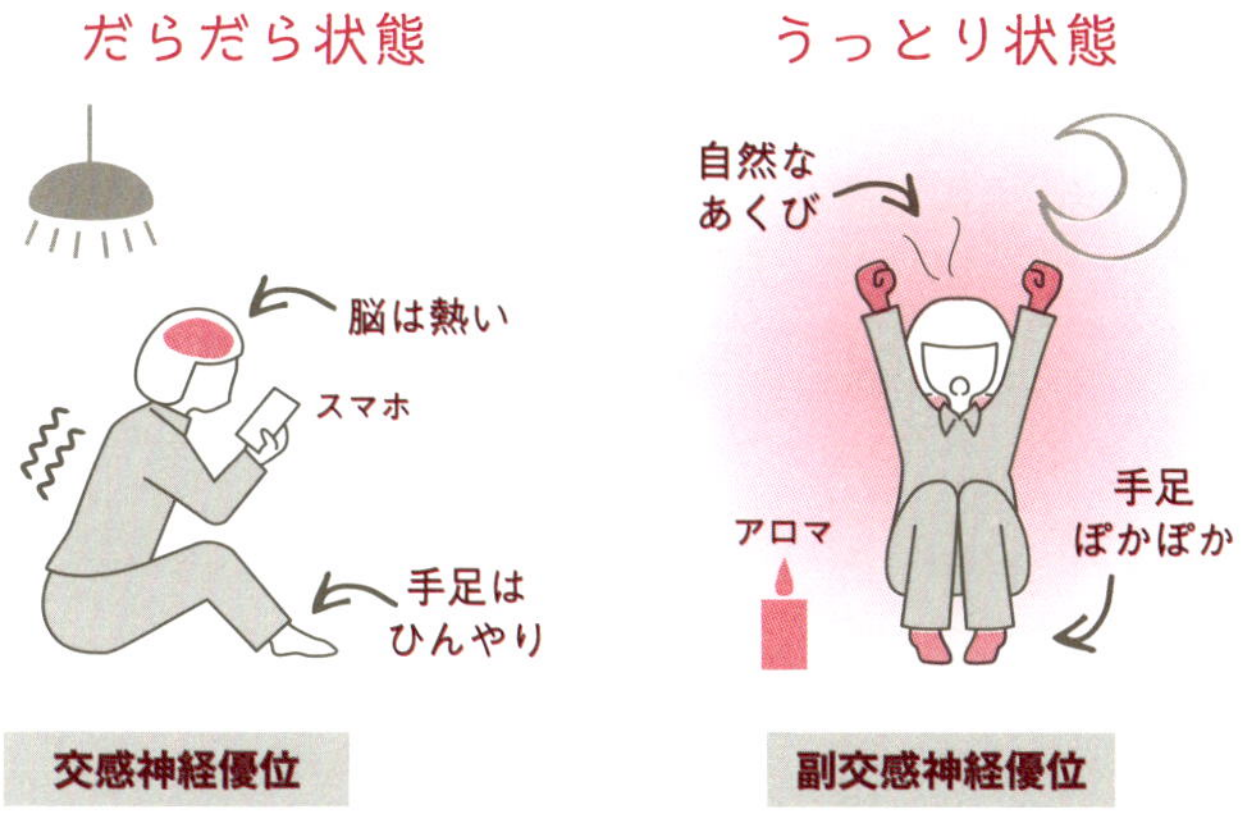

[それ、うっとりする?]

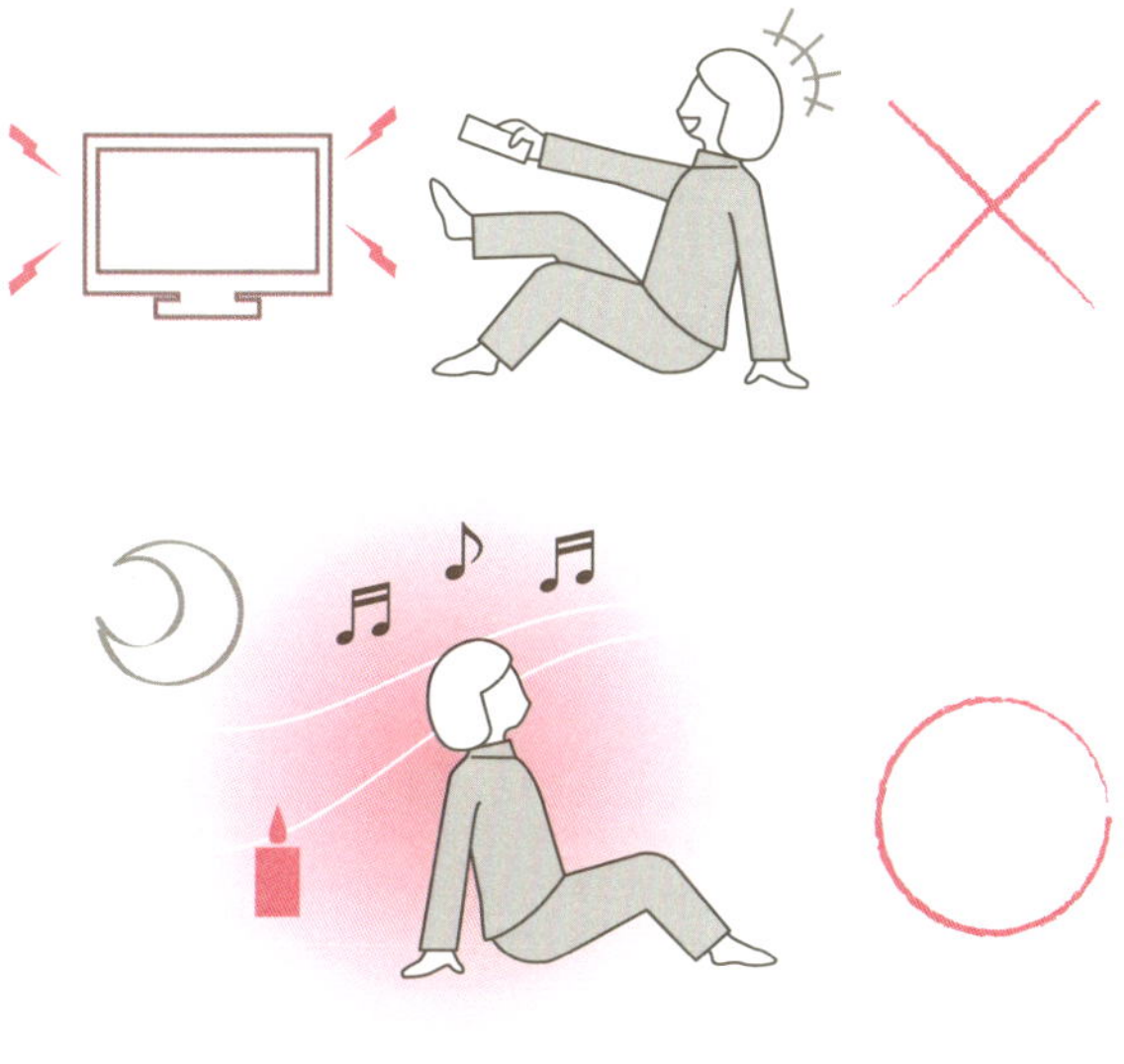

音楽は呼吸スピードより遅いものを

このタイプは要CHECK

- 時差ボケ子
- 眠りの浅子
- 寝すぎ子&寝なすぎ子
- ストレスフル子
- まだマシ子

電気が煌々とついている部屋と、キャンドルを灯したムーディーな部屋、どちらがうっとりするでしょうか？　もちろん、後者ですよね。

同じように、ロックでハードな音楽と川のせせらぎの音楽なら、誰もが後者のほうがうっとりすることでしょう。**音楽を聴くなら呼吸スピードよりも遅い音楽を迷わず選択。**

正常な成人の呼吸数は、1分間に12～16回ほどで、ひと呼吸におよそ4秒。日中、一度皆さんも呼吸数をはかってみてください。1分間に20回を超えるなど、「少し多めだなぁ」と思われるようなら、普段から神経が高ぶっている可能性があります。

寝る前は落ち着いて深い呼吸を繰り返したいので、皆さんが感じる落ち着いた音楽をかけてみて、呼吸のほうが音楽よりも早く進んでいるように感じられるようなら、その音楽はやめて、さらにゆったりとした音楽をかけるようにしましょう。また、曲が早くなったり遅くなったりと不安定なテンポの曲ではなく、一定のテンポの音楽のほうが、

熟睡POINT

寝る前はひと呼吸約10秒かけて呼吸しましょう

[音楽は自律神経に働きかける]

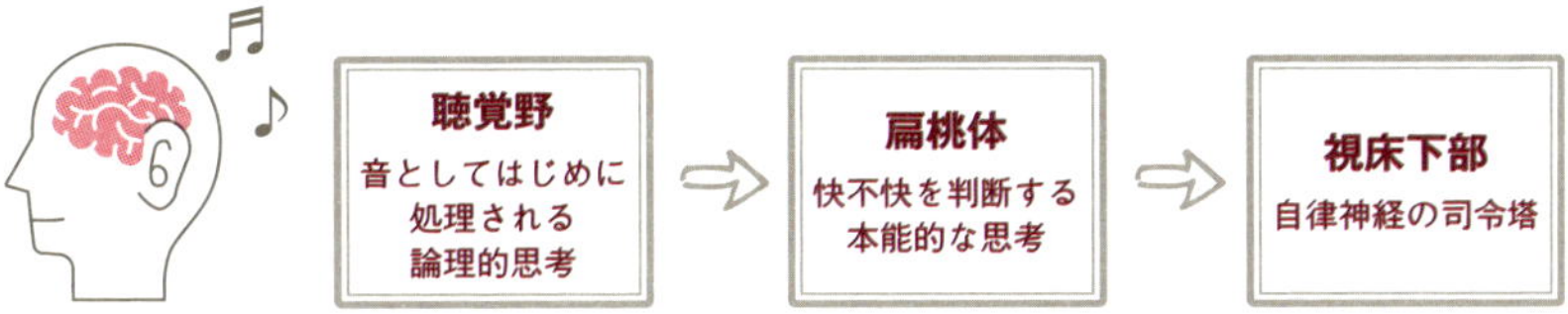

安心感が増します。

就寝前のうっとり習慣を行う際の呼吸は、1分間に約6回を目指したいところ。この呼吸数が「心拍変動リズムに共鳴を与える」と、アメリカのパシフィックウェルネス研究所の研究で明らかになっています。ゆったり呼吸を行うことで、心拍数も緩やかに、つまり副交感神経を優位にできるということです。

「うっとりするかどうか」のラインで難しいのは、J-POP。結論から言ってしまうと、**寝る前に日本語で歌う曲は聴かないほうがベター。**

詩の内容を理解しようと考えたり、昔の嫌な思い出を思い出してしまったり、頭で考えてしまうことで脳活動量が増え、心からのうっとりは難しくなります。

私の**おすすめの曲は、シューマンのトロイメライ。**ラットに1時間トロイメライを聴かせ続けたところ、腎臓の交感神経系の働きが低下して血圧が下がったという大阪大学の研究報告もあるくらいです。私自身も、仕事で特に疲れた日の入浴中には必ずトロイメライを聴くようにしています。さりげなく聞こえてくるくらい、ささやかな音量にしましょう。

身体全体で振動を感じればふわりと力が抜ける

聴覚機能は耳が担っていますが、「実際に身体全体で感じる音もある」と多くの文献でも報告されています。

例えば花火を近くで見た時に、身体全体、特にお腹に響いた経験がある方は多いでしょう。テレビで見る花火もそれなりに感動しますが、実物を見た際、なんとも言えない感動に心を揺さぶられる理由は、耳で聞こえた音だけでなく、「身体で感じる音の振動」が加わったことにもあるのではないかと思います。

また、音は空気中よりも液体中のほうが振動が伝わりやすい性質があります。

試しに胸に手をあてて、「あー」と声を出してみてください。手のひらに声の振動が伝わってきたと思います。これは、私たちの声帯が振動して体液の中を伝わって外に発信されているのです。例えば、パートナーと向かい合って会話しているよりも、抱き合って身体に頬を添え、パートナーの声と、パートナーの声の振動の両方を感じる会話のほうが、落ち着きは格段にアップします。

このタイプは要CHECK

時差ボケ子

眠りの浅子

寝すぎ子&寝なすぎ子

ストレスフル子

あなたも、大好きなパートナーと会話をする時、パートナーの胸に耳をくっつけて、会話をしてみてください。耳から得られるパートナーの落ち着いた温かな声と、パートナーの声の振動を身体で感じてみると、なんだか心が落ち着いていくものです。

また、パートナーの身体に耳を添えると、声の振動だけでなく、心臓の鼓動など臓器の動く音を聞くことができます。

皆さんは、「1／fゆらぎ音」という言葉を聞いたことはありますか？　1／fゆらぎ音とは、機械的なリズムではなく、周波数の増加に反比例して音のパワーが減少する特性をもつ音のこと。私たちの心拍など臓器の動く音、波の音、小川のせせらぎの音も、この1／fゆらぎ音です。そして、**この1／fゆらぎ音は日本大学の研究で、交感神経の活動を低下させることがわかっています。**だから、パートナーの心臓の鼓動を聞くと、心地よさを感じるのです。

もしもあなたがシングルなら、手で両耳をふさいで、目を閉じてゆったり呼吸を繰り返してみてください。呼吸の音、筋肉の動く音、臓器の動く振動……身体は生きるために、絶えず活動してくれています。これらの振動を「無」になって、感じてみてください。なんだかあくびが出てきたり、ふわりと力が抜けたりしてきませんか？　振動の力ってすごいのです。

熟睡スイッチが入る、ウォームインプットの魔法

このタイプは要CHECK

時差ボケ子
眠りの浅子
寝すぎ子&寝なすぎ子
ストレスフル子
まだマシ子

ぜひとも、うっとり習慣タイムにやっていただきたいのが、「ウォームインプット」です。ウォームインプットとは、目や耳といった「情報をインプットする部位」を外界の情報から解放し、ものや手を使ってじんわりと温めることです。夜寝る前に行うだけでなく、日中にも、高ぶった神経を落ち着かせるために有効なうっとり習慣です。

頭寒足熱の原則どおり、基本的には脳は冷えている時のほうが睡眠には適していますが、**ＰＣやスマホ利用などで目や肩や首が凝り固まってだるい時は、温める習慣を作ってみましょう。目を温めることで、血管が拡張して血液循環がよくなり、筋肉がほぐれて疲れが徐々に緩和していきます。**

耳を温めるのも同様です。美容院で洗髪をしてもらったあと、首や耳を温めてもらった経験がある人はおわかりになると思いますが、耳を温めると、本当に心がホロホロと気持ちよくなっていきます。副交感神経に働きかけるほか、耳の周りにはリンパ節があるので、温めることで老廃物の代謝効率アップにもつながります。

[正しいウォームインプットのやり方]

1

水に濡らしたハンドタオルを硬く絞った後、軽くサランラップで包み、電子レンジ(500w)で約30秒。温もりが足りなければ、10秒ずつ温める時間を延ばします。

2

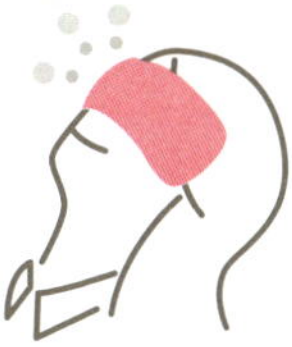

そのまま目や耳の上に置くとやけどの可能性があるので、タオルをほぐして適温(目の上に置いたら気持ちよい温度)になるまで冷ましてから、置くようにしましょう。

熟睡 POINT

耳については、入浴の際にシャワーを両耳の裏に直接あてるのもいいですし、温かい手で耳や耳の周りをほぐすのも◎。

また、普段私たちは、目や耳から様々な情報を入手します。花や木といった自然でキレイなものばかりならよいのですが、せわしなく歩く人々やノルマ表、仕事を押しつけてくる上司の声など、見たり聞いたりしたくなくても自然と入ってくる情報で溢れています。こういった情報は、目や耳から入ってくると無意識に脳で処理され、知らず知らずストレスをため込みやすくなります。

そのため、目や耳を温めると血流を促すだけでなく、インプットする情報を一度シャットアウトする効果もあるのです。寝る前だけでなく、仕事中や家事中など「なんだか今、疲れているな」と感じた時に、ぜひ行ってみてください。熟睡スイッチのメンテナンスにきっと役立つことでしょう。

ウォームインプット＋α

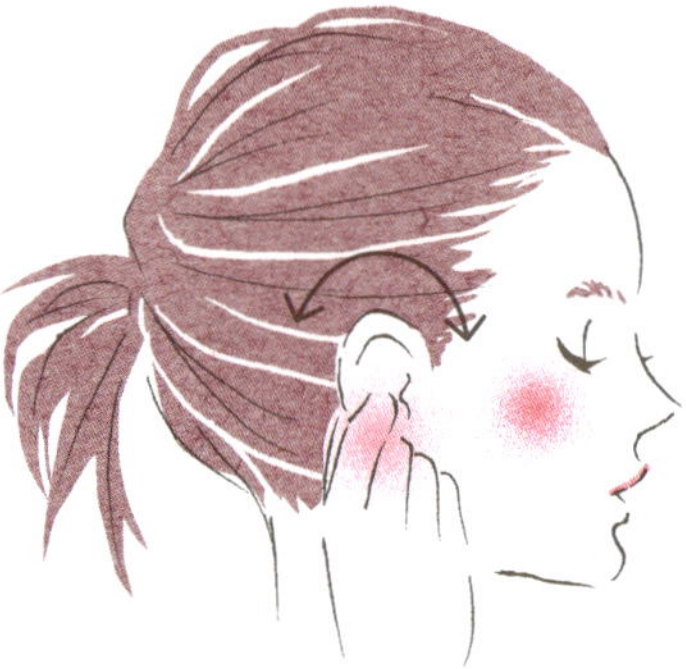

1 耳の付け根を指ではさみ、前回し後ろ回しを10回ずつ。

2 耳からやさしくまゆげへ指をやさしく動かし、まゆげを上に持ち上げます。5秒キープ。

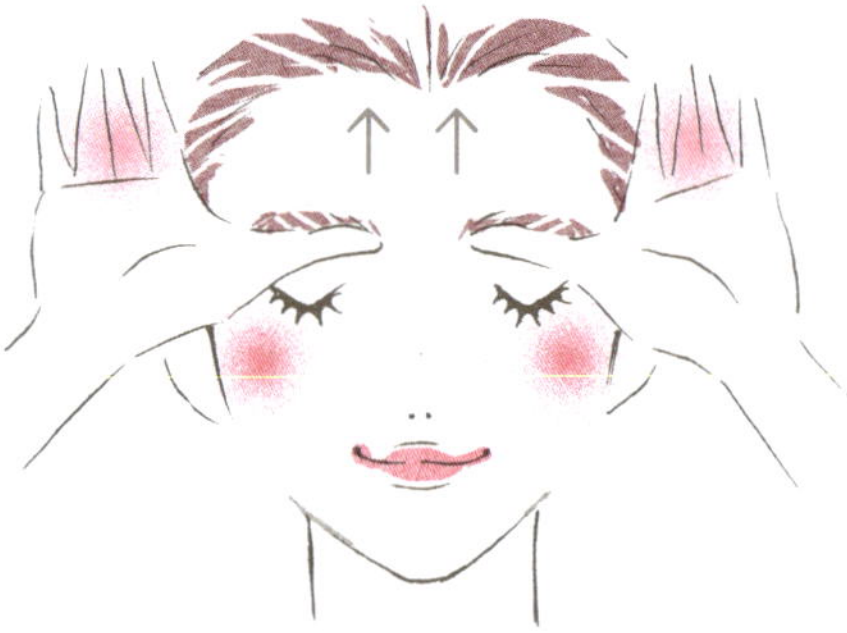

3 眉間のくぼみに指を置き、上に持ち上げます。5秒キープ。

4 鼻筋を通って目の下に手を添え、目の下の骨に指を置き、下に下げます。5秒キープ。

子宮・卵巣を温めて女性ホルモンを味方につける

子宮や卵巣も、寝る前に湯たんぽなどでぜひ温めてほしいポイントです。電子レンジで温められる湯たんぽなどを子宮卵巣にあてて、そのままお休みください。その際、一晩中温かい電気毛布やホッカイロを代替で使うのはNG。過剰な加温が一晩中にわたって持続すると、冬でも夏の高温環境と同様の負担が加わるため睡眠によくありません。

女性ホルモンに密接に関係する子宮と卵巣は、女性が健やかに生きる上で、大変重要な臓器です。しかし、例えば寝不足や強いストレスを感じると、自律神経の司令塔と連携している脳の下垂体に影響が及ぶことも。下垂体から卵巣に正常に司令が届けられなければ、卵巣から分泌される女性ホルモンが妨げられてしまいます。

うっとり習慣で自律神経のバランスを向上させて、熟睡スイッチをONに。そして、子宮卵巣を温めて血流をしっかり促しましょう。細胞の新陳代謝や老廃物の排出が促進され、質のよい卵子の成熟やフカフカの子宮内膜をつくることが可能になります。これを毎月毎月継続できることこそ、女性にとっての最高の健康と言えるでしょう。

このタイプは要CHECK

- 時差ボケ子
- 眠りの浅子
- 寝すぎ子&寝なすぎ子
- ストレスフル子
- まだマシ子

肉球でも彼のシャツでも「いい香り」ならぐっすり！

［ 簡単！ ぐっすりアロマクリームレシピ ］

材料　ガラスのカップ／つまようじ

ラベンダー	2滴
ローズオットー	1滴
ジャスミン	1滴
無香料のボディークリーム	25ml

作り方

「嗅覚」はダイレクトに自律神経をコントロールする脳の視床下部に働きかけるため、香りはうっとり習慣に不可欠！　例えば**ラベンダー精油の香りが睡眠やリラックスにいいことは、科学的にも立証されています。**ラットにラベンダー精油の匂い刺激を与えると副腎や腎臓の交感神経を抑制し、胃腸の副交感神経を促進するという結果が得られています。

香りはご自身が「いい香りだなあ」と感じるものなら何でもＯＫ！　好んで使っている香水でもよいですし、飼い猫の肉球でも、彼のシャツの香りでも、それがあなたにとって、

このタイプは要CHECK
- 時差ボケ子
- 眠りの浅子
- 寝すぎ子&寝なすぎ子
- ストレスフル子
- まだマシ子

[精油の使い方いろいろ]

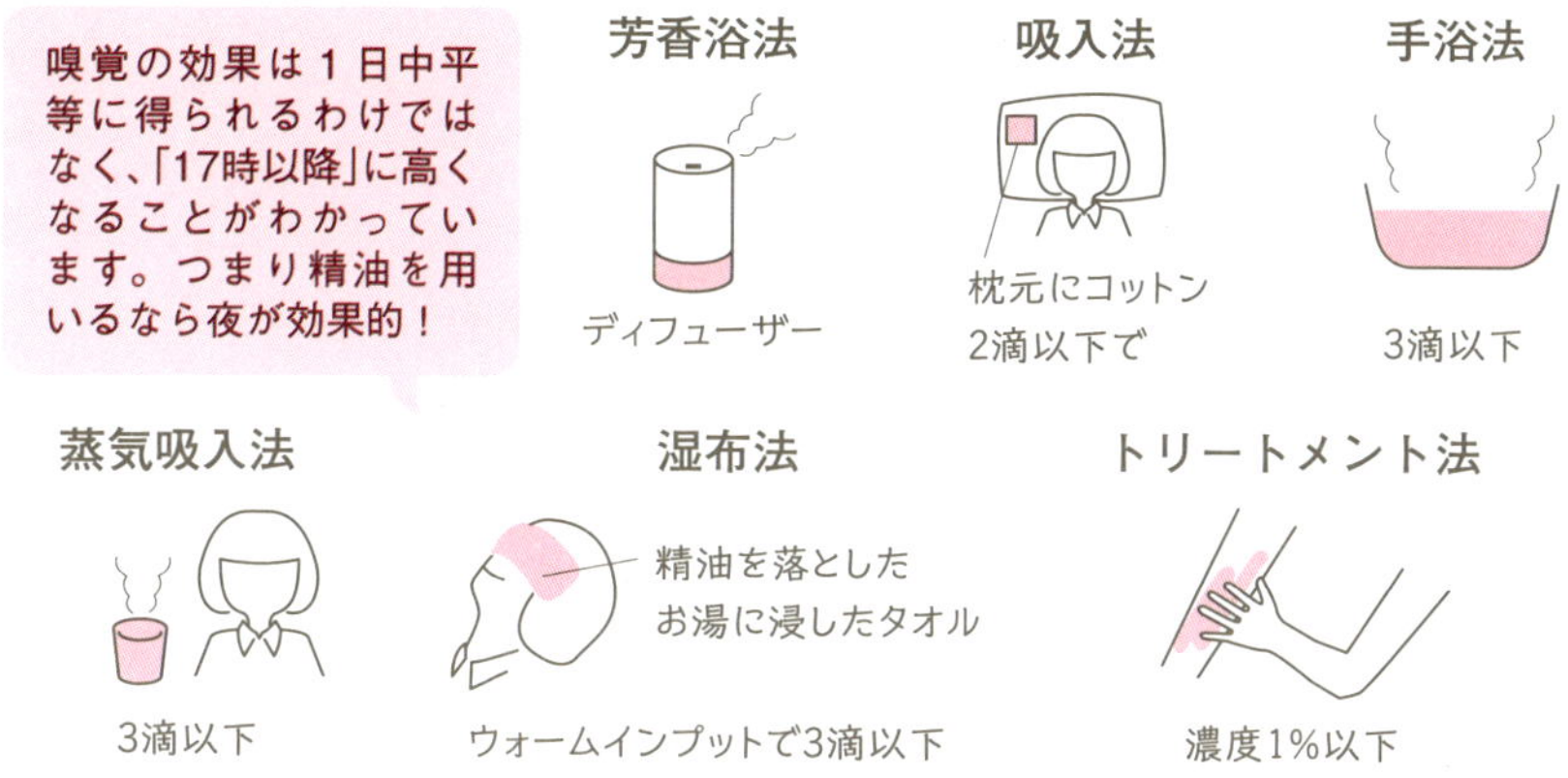

そもそも精油とは？

植物の花、葉、果皮、樹皮、根、種子、樹脂などから抽出した天然の素材のこと。各植物によって特有の香りと効能があります。とっておきの香りを見つけてみましょう。

大好きな香りなら何でも構いません。とはいえ、やはり様々な薬理作用が実証されているアロマテラピーをおすすめします。ディフューザーでの芳香もよいですが、せっかくですから水分などで薄めて使わずに、直接嗅いだり、アロマペンダントなどで常時鼻からその香りを感じることができるよう工夫してみてください。

使用されている精油があなたにとって、いい香りであるならよいのですが、慢性的に寝つきが悪い方は先述したラベンダーを使用してみてください。やはりラベンダーの鎮静作用は素晴らしい！

浅い呼吸を深くする、とっておきのうっとり呼吸法

このタイプは要CHECK

時差ボケ子
眠りの浅子
寝すぎ子&寝なすぎ子
ストレスフル子
まだマシ子

うっとり習慣にぜひ取り入れていただきたいのが、「うっとり呼吸法」です。呼吸の目標は1分間に約6回ですが、この呼吸数は、先述の通り心拍変動リズムに共鳴を与えることがわかっています。そのため、この呼吸数になるようゆったり呼吸を行うことで、心拍数を緩やかに、そして心を鎮めることができます。

はじめはどのくらいの間隔で呼吸をすればよいかを知るため、時計の秒針を見ながら行っていきます。たっぷり息を吸うには、たっぷり吐かなければならないので、口で吐いて鼻で息を吸うようにしましょう。ただし、口で吐くのがつらければ鼻から吐いていただいても大丈夫です。どちらが楽に呼吸ができるか、試してみましょう。

日中でも、なんだかイライラしたり、憂鬱を感じたり、呼吸が浅く感じた時に行ってみるのもよいでしょう。

[うっとり呼吸法の手順]

STEP ①

まずは、呼吸ができる体勢を整えましょう。できる限り静かな場所で、楽な姿勢で座ります。手のひらは上にしたほうが力が抜けます。頭の先から足の先まで、身体の力はできる限り抜いておきます。

STEP ②

「ふーっ」と吐いたあと、3秒で吸って、3秒で吐いていきます。この3秒の間にすべて吐き切り、すべて吸い込みます。しばらくその状態を繰り返し、慣らします。

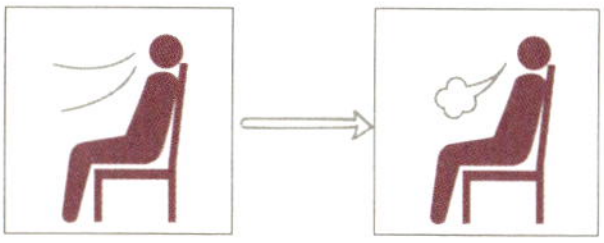

3秒　3秒

STEP ③

3秒吸って、1秒呼吸を止め、4秒で吐いていきます。息を止めるというより、吸った空気を身体の中で充満させるようなイメージで行います。

3秒　1秒　4秒

STEP ④

4秒で吸って、1秒呼吸を止め、5秒で吐いていきます。つらければSTEP3に戻り、慣れてからSTEP4を繰り返します。1分間で6回呼吸を目指すなら、ひと呼吸10秒になります。それを目安に、心地よい秒数を適宜増減しながら探ってみましょう。慣れるまで何度も繰り返します。

4秒　1秒　5秒

STEP ⑤

STEP4を目安に、目を閉じて、心の中でカウントしながら呼吸をします。なんとなく感覚がつかめたら、心の中のカウントもやめて、気持ちよく呼吸を繰り返します。

寝る前の習慣にしたい快眠アニマルストレッチ

ストレッチをすると気持ちがいいのはなぜでしょうか。疲れや運動不足などで筋肉が硬くなっていると、筋肉に圧迫された血管には酸素や栄養が十分に運搬されず、その結果、血管拡張作用のある物質が分泌され、その副作用で痛みを感じるようになります。でも、ストレッチをして柔軟性がアップすると、血管圧力が下がって痛みやコリが緩和されます。だから、ストレッチを行うと「あ〜気持ちいい〜」となるのです。

さらに大阪大学の研究によれば、**気持ちのいいストレッチをすると、カルノシンという筋肉で作られるたんぱく質が少量放出され、肝臓・副腎・膵臓・腎臓の交感神経を低下させることがわかっています。また血圧や深部体温の低下も促すため、さらに寝つきをよくしてくれる**のです。ただし、ストレッチ以外の激しい運動を寝る前にするのは絶対に×。交感神経が刺激されてしまうので逆効果です。

じっくり時間をかけて、気持ちよくストレッチを行いましょう。

このタイプは要CHECK

- 時差ボケ子
- 眠りの浅子
- 寝すぎ子&寝なすぎ子
- ストレスフル子
- まだマシ子

[寝る前のアニマルストレッチ]

くじゃくのストレッチ

▶腹斜筋などの体側や肩甲骨まわりのケア
▶くじゃくの羽をイメージして

呼吸に合わせて左右交互で5セット

あぐらの状態から足を崩してお尻の下の坐骨を地面につき、手のひらは上を向けて膝の上に置いておきます。息を吸いながら、右手を真横を通って天井方向にゆっくり伸ばします。吐きながら左側に倒して、右の体側を伸ばします。次に息を吸いながら、その手を天井方向に伸ばし、吐きながらゆっくりと下に下ろします。反対側も同様に。

ウサギのストレッチ

▶こりやすい大胸筋ケアと頭頂部のツボ押し
▶うさぎの姿をイメージして

10~20秒キープ

肩の下に手、腰の下に膝がくるように四つ這いになります。両手で床を押しながら、頭のてっぺんを手と手の間に下ろします。余裕があれば、両手を床から離し、後ろで手を組んで天井方向に伸ばし、肩甲骨を寄せます。

ネコのひねりストレッチ

▶肩からぶら下がる腕を支える筋肉のケア
▶ネコが気持ちよくひねって伸びているように

左右10~20秒キープ

肩の下に手、腰の下に膝がくるように四つ這いになります。左の手のひらを上に向け、右手と右膝の間をスッとくぐらせて伸ばします。余裕があれば、右手を天井方向に伸ばします。骨盤が左右ずれないように。反対側も同様に。

オットセイストレッチ

▶骨盤傾き不良の猫背反腰対策、脊柱ケア
▶オットセイがクネクネ動いているように

1呼吸ずつ5~7セット

あお向けになり、膝を立てます。息を吸いながら骨盤を前に傾けて、腰を床から離して骨盤を前傾にします。次に息を吐きながら骨盤を後ろに傾けて、腰を床に押しつけ、骨盤を後傾します。1呼吸ずつゆっくりと骨盤を動かしていきましょう。

熟睡POINT

ゆったり呼吸を繰り返しながら行いましょう！

モモンガの筋弛緩ストレッチ

▶筋肉を緊張させた後に全身脱力
▶モモンガが飛行後、脱力するイメージ

10秒キープ後脱力。1〜3回

あお向けの状態で、手と足を床から浮かして力を入れて、10秒キープ。その後、勢いよく脱力します。

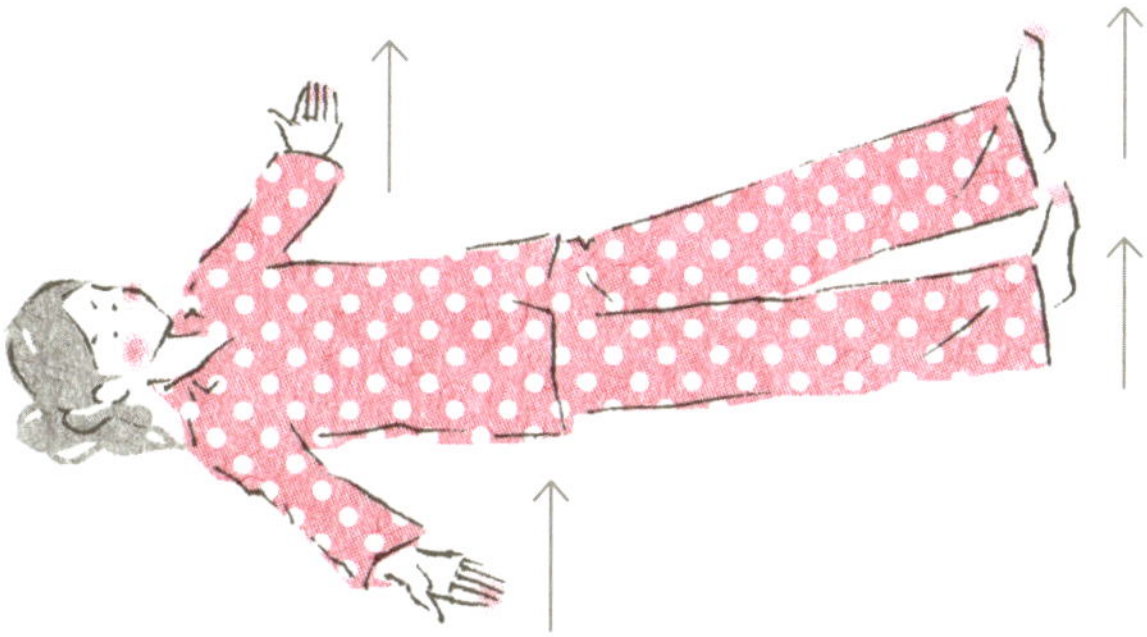

ミツバチの温熱法

▶手足の末端が熱くなるイメージ
▶発熱するミツバチを想像しながら

足先から頭まで、全身の力を抜いていきます。次に、右手がどんどん重くなって地面に沈んでいくことを想像します。その後、指先からポカポカ温かくなることをイメージしましょう。お風呂や湯たんぽを想像するのもいいですね。これを左手、右足、左足の順番に行っていきます。

リンパマッサージで質のよい眠りを

私たちの身体の中には編み目のように、リンパ管が張り巡らされています。リンパ管には血管からしみ出た栄養素や老廃物がリンパ液として流れていますが、血液と違ってポンプにあたる機能がなく流れがとてもゆるやか。そのため、老廃物がリンパ管に回収されず「むくみ」に発展することも。**リンパマッサージによりリンパ液の流れがよくなると、老廃物が効率よく排出されて栄養素が細胞にいきわたり、肌や髪など体内のダメージが効果的に修復されて、つるつるスッキリ!!** また、お肌をマッサージすると気持ちがよいのは、脳神経と皮膚が同じ細胞から分化した器官だから。お肌をやさしくなでるのは、脳に働きかけているのと同じことなのです。だから、心が穏やかになるんですね。

というわけで、お風呂上がりにクリームやオイルを使用してリンパマッサージしてみましょう。服の上からでもOKです。

リンパ管は、足先や指先などから始まる浅くて細いリンパ（毛細リンパ管）が合流を

このタイプは要CHECK

- 時差ボケ子
- 眠りの浅子
- 寝すぎ子＆寝なすぎ子
- ストレスフル子

[リンパの流れ]

マッサージで身体の端から中心へリンパ液を流しましょう。

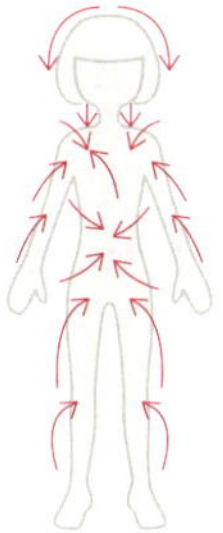

繰り返しながらどんどん太いリンパ管になり、フィルターの働きがあるリンパ節を通過していきます。そしてリンパ液はリンパ節によってろ過され、キレイになってから静脈に入り心臓に戻ります。

リンパ節が主にあるのは、鎖骨、耳の下、わきの下、おなか、そけい部、膝の裏。リンパマッサージをする時は、こうしたリンパ節に少し圧をかけてあげると効率がよくなります。

マッサージを行う方向も大切です。リンパ液は常には循環せず、心臓に向かう一方通行。末端から心臓に向けて行いましょう。

ちなみにリンパマッサージをしている際、太ももやお尻にぼこぼこしている部分を発見した場合は、リンパマッサージだけでなく、特別なマッサージ法をすることをおすすめします。ぼこぼこした肌というのは、いわゆるセルライト。脂肪細胞に余分な水分や老廃物がくっついたものです。

セルライトは普段から冷えやすく脂肪量の多い部分に現れますが、お肌をつままなくてもぼこぼこしているなら、少し進行が進んでいます。とはいえ、毎日マッサージをこまめに行うことでキレイなお肌に戻りますから、根気強く続けていきましょう。

[リンパマッサージですっきりボディに！]

1 足指と手指をからませて、握手をしながら足首を大きく回して足裏を指圧します。

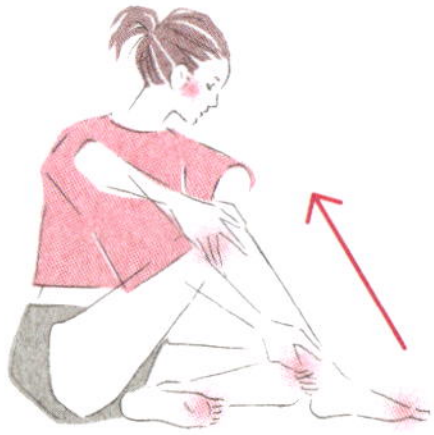

2 足首内側からふくらはぎ外側へ、足首外側からふくらはぎ内側へと引き上げます。

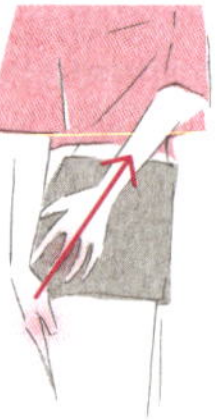

3 膝裏の内側から圧力をかけながら内側から外側へねじってお尻を持ち上げます。

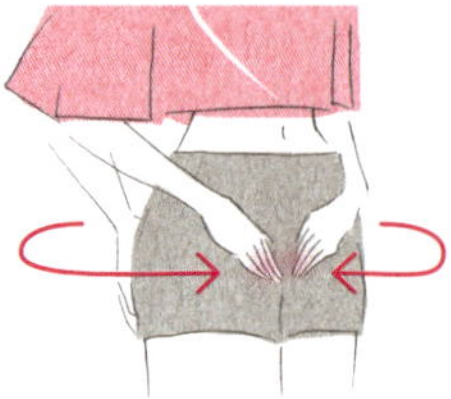

4 両手で交互にお尻を持ち上げた後、両手をそけい部までスライドして圧力をかけます。

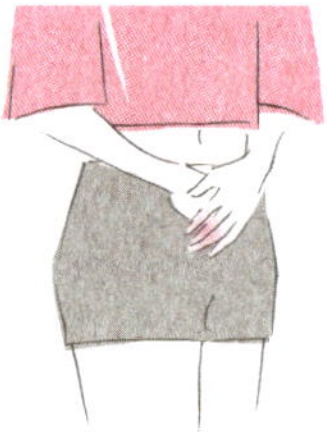

5 両手をそけい部からお腹に持ち上げ、手のひらを重ねて、ぎゅーっと圧力をかけます。

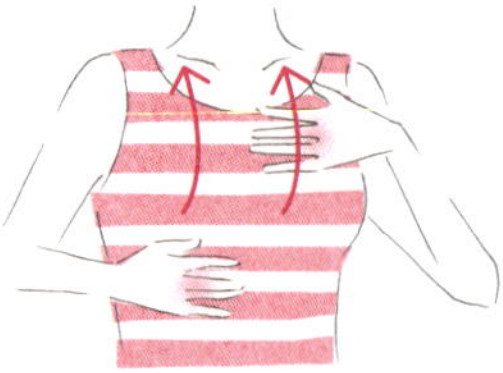

6 お腹のあたりに手を置き、手のひら全体で下から上へ鎖骨のリンパ節に向けて流します。

やり方はとても簡単。リンパマッサージを進める方向に向けて、「さすってから→押す・揉む・叩く」を行うだけ！

セルライトもケア！

押す

気になる部分の大きさに合わせて、親指や手のひらを使って押していきます。ゆっくり時間をかけて押しましょう。

揉む

両手でつかみ、タオルを絞るようにねじります。膝上など小さな部位や両手でつかめない大きな場所は、両手の親指と人差し指で挟み握るようにして揉みます。

叩く

最後は血行を促進するために叩きます。手のひらの中央にくぼみをつくるように小さくして、リズミカルに叩きます。手のひらに空気層があるため、「パフパフ」とした音になっていればOK。

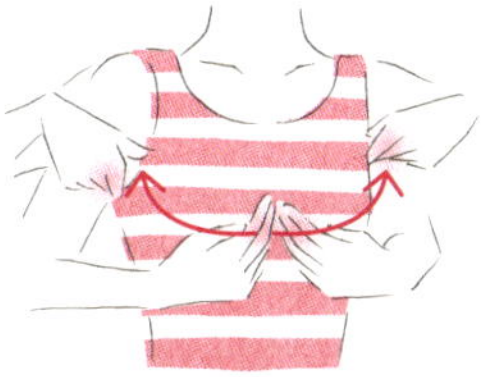

7 胸の中心に指を添え、乳房の下側にそって脇の下までさすります。

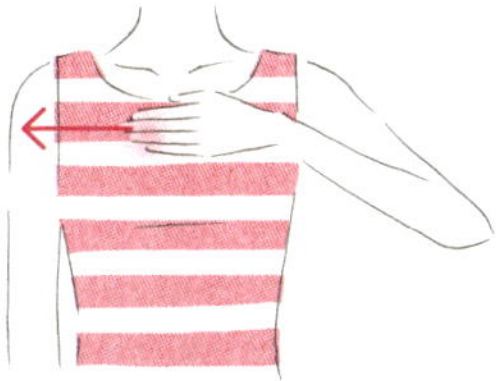

8 左手を胸の中心から右側へ鎖骨下を通って脇の下までリンパ液を流し、逆側も同様にします。

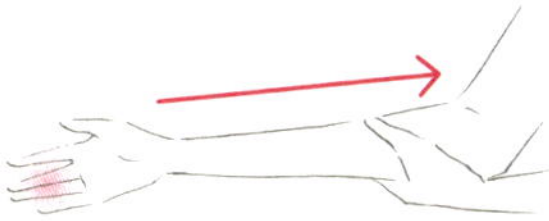

9 リンパ液を手から肘、腕、肩、脇へと流します。

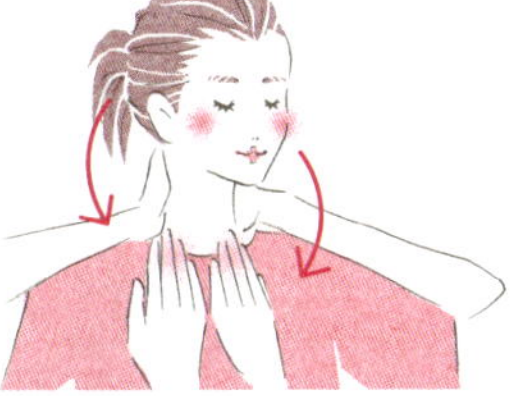

10 首の後ろに両手をあて、後ろから前へさすります。

寝る前に飲んでおきたい、コップ1杯の白湯

このタイプは要CHECK
時差ボケ子
眠りの浅子
寝すぎ子＆寝なすぎ子
ストレスフル子

まず飲んでいただきたいのは、コップ1杯のお白湯。

夜、私たちが寝ている時には、汗となって体内から１５０～２００㎖の水分が失われます。水分がこのように消失してしまうと、血液粘度が増大し、心筋梗塞や脳梗塞などのリスクが高くなってしまいます。

飲みものの**温度は、人肌程度がベスト。**冷たい飲みものは臓器の冷えを引き起こしてしまうばかりか、体温と同等に温めるだけの熱を自律神経の働きで生じさせなければなりません。

お白湯の代わりに、**ハーブティもよいでしょう。**

ただし、甘味料を加えず、そのまま飲むようにしてくださいね。

ちなみに「寝る前の牛乳は寝つきをよくする」という話がありますね。眠りを促すメ

パッションフラワー：催眠、鎮静
エルダーフラワー：デトックス
ハイビスカス：美肌、快便
ハトムギ：美肌　ドクダミ：整腸、デトックス
クワンソウ：快眠
レモンバーベナ：鎮静

［眠りによいハーブティー］

ラズベリーリーフ：イライラを落ち着かせる、安産
ラベンダー：鎮静、リラックス
カモミールローマン：神経を鎮める、胃腸を整える
マジョラム：安眠
ローズヒップ：レモンの20倍のビタミンC、疲労回復
オレンジピール：安眠、不安

ラトニンの材料のトリプトファンが含まれているから、ということのようですが……。トリプトファンは何時間もかけてとても複雑な過程を経てメラトニンとなるため、**寝る前の牛乳は寝つきとは無関係なのです。**

カフェインが眠りを妨げる成分であるのは昔からよく知られています。飲料のカフェイン含有量を見てみると、農林水産省の調べではコーヒー（60㎎／100㎖）、紅茶（30㎎／100㎖）、ほうじ茶・烏龍茶（20㎎／100㎖）。コーラや市販のドリンク剤にも含まれています。

コップ1～2杯飲むと、通常若年者では3～4時間、高齢者ではさらに長く覚醒作用が持続します。そのため、**夕方以降の水分はカフェインを含まない麦茶、そば茶、白湯などを選びましょう。**

また、無糖ココアは体温をゆっくり上げてゆっくり下げる作用がありますし、テオブロミンという自律神経を整える成分がカカオに含まれているので眠りに一見よさそうですが、カフェインが100㎖中、10～30㎎含まれています。身体を冷やす砂糖が入っていない無糖ココアであったとしても、昼間に飲むようにしましょう。

寝る前のイライラの賢い対処法

このタイプは要CHECK
時差ボケ子
眠りの浅子
寝すぎ子＆寝なすぎ子
ストレスフル子
まだマシ子

人は夜、マイナス思考になったり、イライラや不安感を感じやすくなったりします。皆さんも寝る前に、自分の将来の不安が頭をよぎったり、無性に腹立たしい気分になったりといった経験が一度や二度あるのではないでしょうか？　そんな気分になると、なかなか寝つけず、余計にイライラしてしまうことも多いでしょう。

なぜ、寝る前にネガティブ感情になるのでしょう？

寝る前に眠気がある場合、特に大脳皮質の機能が低下します。大脳皮質は、脳の情動中枢である大脳辺縁系を抑制的にコントロールしているところなので、眠気がある状態では大脳辺縁系がコントロールされず、ネガティブな気持ちが優先されるのです。

夜に彼や旦那様の嫌なところが目につくのもそのせい。**イライラした時の私たちは血管が収縮し、酸素状態はあまりよくない状態で、交感神経が優位になりがちです。**

そのため、カッと怒る前にまずは物理的に今の身体をよい状態にチェンジ！

熟睡 POINT

パートナーへ「こうしてほしいんだけど」と要望を伝える時は、夜ではなく、休日の昼食後が成功のカギ。太陽が高い時間帯は論理的な思考に向いていて、さらに食後は血糖レベルが高くて精神的に安定しているため、要望を受け入れてもらいやすくなります。別に相手とケンカをしたいわけではなく、要望を伝えたいだけですもんね。成功しやすい時間帯に、行うのが賢い女性です。

ゆったり呼吸をしたりストレッチをして、副交感神経を優位にしましょう。

夜イライラしてしまった時は、頭を冷やすのも手。悩みごとがあって悶々としている時、脳の深部体温が高くなっています。そんな時はシンプルに、冷蔵庫で冷やしたタオルや冷却シートなどで、おでこや頭の後ろを冷やしてみましょう。

いろいろ対策しても、まだモヤモヤしている時は、紙に「明日、○○と△△について考える」などと書き出してください。夜は脳機能が低下しているため、深掘りして考えても残念ながらいい答えは出ませんし、頭はぐるぐる堂々巡り。**モヤモヤしているのは、頭が整理できておらず、悩みを具体的に把握できていない証拠です。箇条書きで、明日考えることを書き出してからお休みするようにしましょう。**

お酒は2日連続までならセーフ！

寝つきアップのために、晩酌をされる方もいらっしゃると思います。

確かに**一時的に入眠を促進します。しかし、その後の利尿作用などから夜間後半の睡眠を妨げ、夜中に目覚めたり翌朝の寝覚めの悪さにつながるので、晩酌をするなら夕飯時（20時）まで**にしましょう。

人付き合いで飲み会が多い方は、3日連続はNGですが、2日連続ならセーフ！　遅い時間まで続く飲食や明るい光は体内時計を後ろにずらしますが、不規則生活を2日以内にとどめてもらえば、体内時計の大きなズレを防ぐことが可能です。美のためには、もちろん連夜飲むのはよくないので、3日目の朝は「朝の光」をたっぷり浴びて体内時計の正常化につとめてくださいね！

このタイプは要CHECK

- 時差ボケ子
- 眠りの浅子
- 寝すぎ子&寝なすぎ子
- ストレスフル子
- 無茶しすぎ子

CHAPTER 3

熟睡美人の
ための
ベッドルーム

明かりはどの程度がベストなの？ 何を着て寝たらいいの？ エアコンはいつ消したらいいの？ 極上のベッドルームのつくり方、お教えします。マットレス＆枕選びのコツとあわせて、どうぞ。

ホテルライクな寝室で朝の光を浴びましょう

体内時計をコントロールしている大きな力は「光」。例えば北欧の冬は極端に日照時間が短いことから、体内時計が乱れがち。これが自律神経にも影響を及ぼし、うつ病患者の増加につながっています。

同様に光過剰も問題です。例えば、自然光が５ルクスなのに対し、自宅では５００ルクスという約１００倍もの不自然な光を私たちは浴びています。夕方以降のあり得ない光は美の天敵！　目指すはラグジュアリーホテルの寝室です。

また、**朝の光はとっても大切。心と身体の健康を保つセロトニンがきちんと分泌され、日中ハツラツとやる気に満ちあふれて過ごせます。**ちなみにオランダの王立脳研究所の研究では、日中の光はメラトニン分泌量を正常にすることがわかっています。**夜の眠りがよければ、お肌や髪がつやつや！　太陽光は天然の美容液なのです。**

では、何ルクス程度を目安にすればよいのでしょう？　照度を測る無料アプリや照度計などを使って、ご自身の家の照度を測ってみましょう。

このタイプは要CHECK

- 時差ボケ子
- 眠りの浅子
- 寝すぎ子&寝なすぎ子
- ストレスフル子
- 無茶しすぎ子
- まだマシ子

[熟睡のための照度の目安]

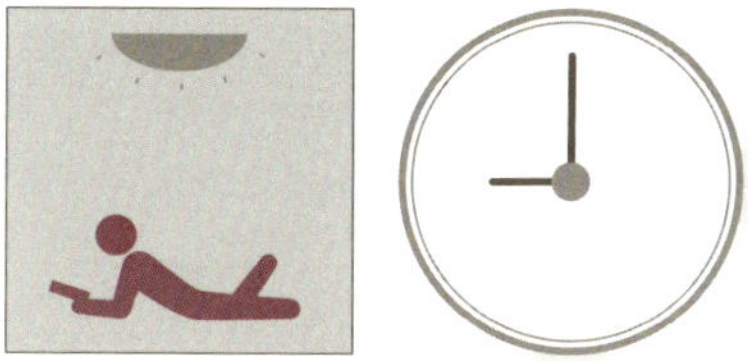

就寝2時間前

徐々に照度を下げていき、明るさは暗く、色温度は低く温かい色を設定。

オレンジの電球色に

夕食時

高級ホテルのディナータイムくらいの明るさがベスト。コンビニの照度は500ルクス強が多いので、利用は夕方まで。

300ルクス

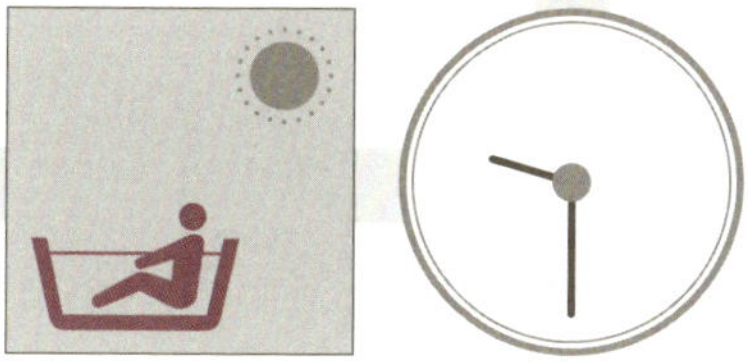

お風呂

意外にお風呂場の照度は高いので、電球色に変更したり、照明の数を減らすこと。

150〜300ルクス

寝る前にスマホ卒業宣言!

寝る前までスマホを見ている方は今日こそご卒業を！ カフェインの何倍もの覚醒に加え、体内時計も後ろにずれ、寝起きが最悪に。スマホには、380〜495ナノメートル前後の光の中でもっとも強いブルーライトが使われています。ですから、青色の波長成分を含むスマホやTV、PCの夜間利用は睡眠を阻害する大きな問題点。もしどうしても見る必要があるのなら、せめてブルーライトカットメガネをかけましょう。JINSの調べでは、青色光の半分をカットしたメガネを利用すると、深い睡眠時間が30分間延長したという報告があります。

熟睡のための照度の目安

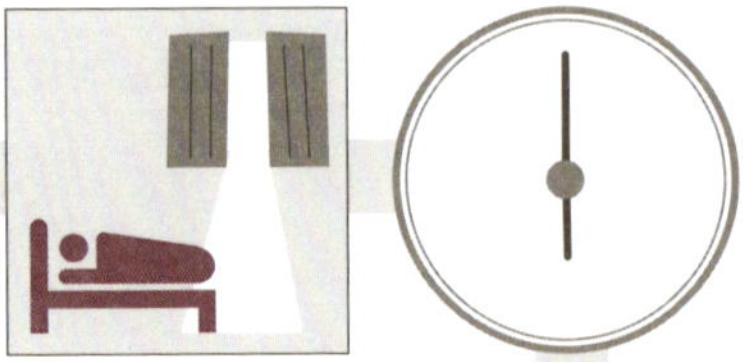

起床30分前

カーテン隙間からのまぶたを通した光が感覚刺激となり、脳活動レベルをアップ！ 浅い睡眠へと誘導し、寝覚めが爽快。

100〜180ルクスまでUP

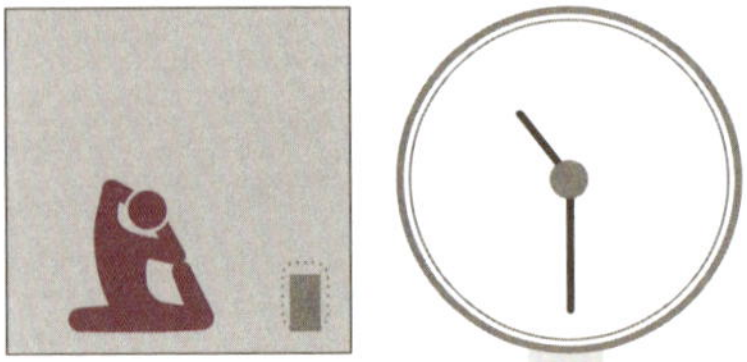

就寝1時間前

眠りを促すメラトニンの分泌のため、間接照明などフロアランプにチェンジ。

150ルクス以下

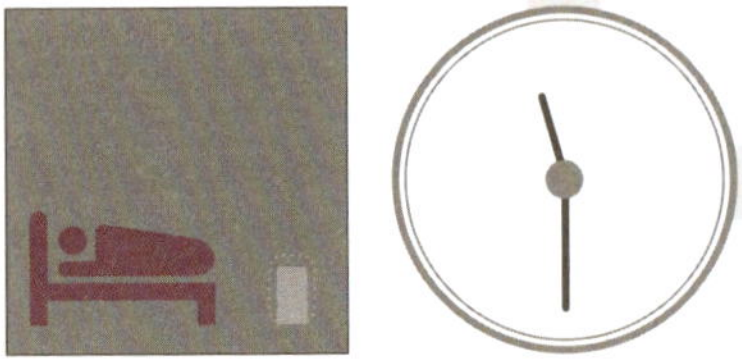

就寝時

30ルクス以上だと睡眠段階３〜４およびレム睡眠が減少し、０ルクスは心理的な不安に。ベストは１ルクス以下。

0.3〜1ルクス

寝る30分前

キャンドルや間接照明のみ灯し、文字が読めるか読めないかというほどの光に。

30ルクス以下

熟睡 POINT

就寝時は、たとえこの範囲内の照度でもそれが「不快」だと、かえって眠れなくなることもあります。あくまで目安として考えましょう。

起床時

カーテンと窓を全開に！ 深部体温が上昇して覚醒状態が加速。

カーテン全開

朝食

東や南方向の窓際で朝食を。最低30分以上しっかり浴びること。

1000ルクス以上

午前中

起床から３時間以内に日光浴。駅まで遠回りするなどして工夫しましょう。日焼け対策を忘れずに！

2500ルクス以上

起床後2時間以上日当りの悪い室内にいると、体内時計がずれて就寝時刻が遅れやすくなるという研究も。光が入らないリビングの場合は、積極的に外出しましょう！

就寝中のエアコンは切ってはいけない

最近の日本の夏の高温多湿環境といったら！　睡眠に悪影響を及ぼすため、エアコンは就寝中ずっとつけておくことをおすすめします。

環境省は夏季のオフィス空調の設定温度として28℃を提唱していますが、**正常な睡眠のためには室温26℃、湿度50～60％が望ましい**と言えます。

では高温多湿環境は、睡眠にどのような影響を及ぼすのでしょう？

寝具を使用しない裸の状態で、高温多湿環境と睡眠との関係を調べた東北福祉大学の研究があります。

イラストの通り、深い眠りが得られたのはD。Cは適温ではあるものの高湿度から、中途覚醒がDの約1・3倍になっています。もっとも悪い睡眠はA。睡眠段階3～4やレム睡眠が大きく減少しています。睡眠段階3～4は、美にとって不可欠な成長ホルモ

[寝室の温湿度と睡眠の関係は？]

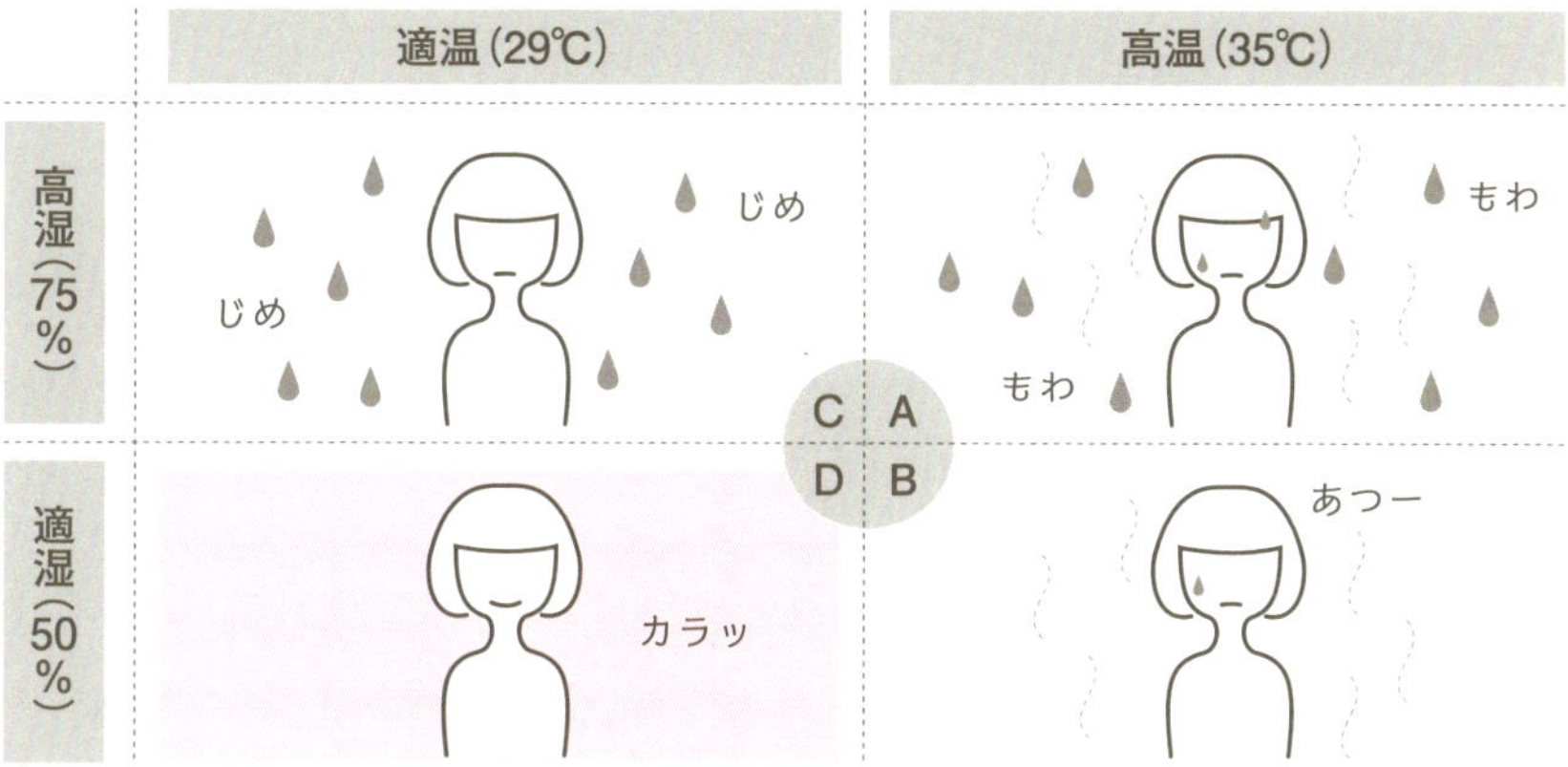

※裸で寝具を使わないなら29℃が適温

ン分泌を促します。筋肉や脂肪量によって適正温湿度は多少差がありますが、よい眠りを得るためには一晩中一定の温湿度に設定しましょう。つけたり消したりを繰り返す方もいらっしゃいますが、眠りのためには中途覚醒は避けたいですし、消費電力はエアコンのつけはじめが最大。常時つけっぱなしで問題ないこともあるのです。気になる方のみ、睡眠段階3〜4を優先して、寝はじめ3時間でオフにするタイマーセットをしましょう。いずれにしても、風が直接あたらないよう気をつけて。

パジャマに着替えるだけでよく眠れる

このタイプは要CHECK

時差ボケ子
眠りの浅子
寝すぎ子&寝なすぎ子
ストレスフル子

快眠のために、夜の過ごし方を改善し、睡眠に適した環境に整えたら、次は寝具を整えてみましょう。

皆さんは寝る時はどんな服装をしていますか？

例えば裸で寝ると、開放的でいいですよね。けれども裸の場合、皮膚からの汗、皮脂、垢が寝具に直接付着するため、寝具をこまめに洗濯しなければなりません。衣服にはそういった汚れを吸着してくれる作用があるため、大きくてかさばる寝具を毎日洗うことを考えると、パジャマを着用して寝るほうがよいと言えます。

パジャマを選ぶポイントは「締めつけ」「素材」「シーズン」の3つ。

そのうち**素材は、通気性に優れた綿やシルクがおすすめ。**肌触りのよい柔らかい綿は、かたい麻素材に比べて副交感神経の活動が優位になると言われています。また、シルクは皮膚に近い素材でできていて、摩擦や刺激をほとんど感じない優れものです。

締めつけ、シーズンについては、左ページを参考にしてください。

[正しいパジャマの選び方]

締めつけで選ぶ

睡眠時には何度も寝返りを打つため、寝姿勢の変化があります。そのため、身体を締めつける衣服や強いガードル、はだけやすいネグリジェは寝返りを妨げる可能性があるので、**締めつけがなく、体温調整のしやすいパジャマを着用しましょう。**

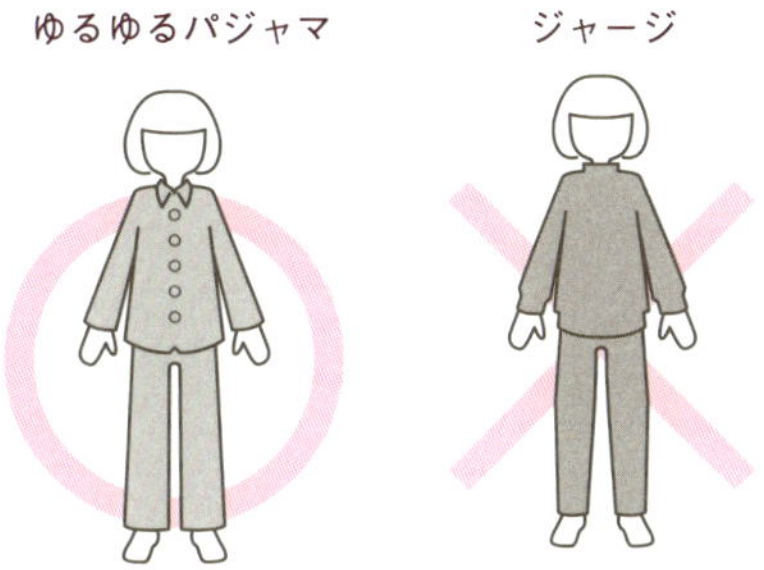

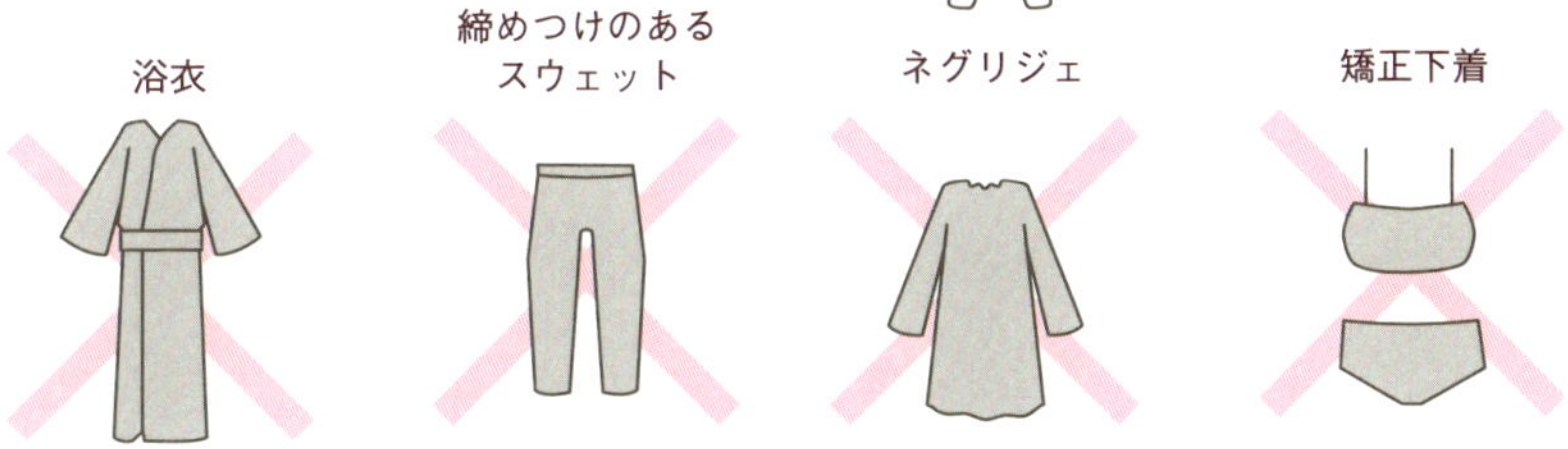

シーズンで選ぶ

季節に応じてパジャマは使い分けたほうがよいでしょう。夏場は半袖半ズボンのパジャマ着用が多いと思いますが、長袖長ズボンがベスト。コップ1杯以上の汗をかくため、シーツに汗や皮脂が付着しやすかったり、寝冷えする可能性もあります。汗で肌に張りつかず、袖や裾からの風通しがよい素材を選ぶようにしましょう。

夏ほどではないにせよ冬でも発汗はあるので、吸水性・通気性がいいもの、そして寒さを凌ぐ保温性のよい素材を選びましょう。また首元や足元からの冷気を防ぐネックウォーマーやレッグウォーマーもおすすめ。**ただし、靴下は就寝中の温度調整の妨げになるのでNG。**寝る前まで着用し、就寝時には脱ぐか、寝ている間に自然に脱げやすいホールド力の弱い靴下を履くようにしましょう。

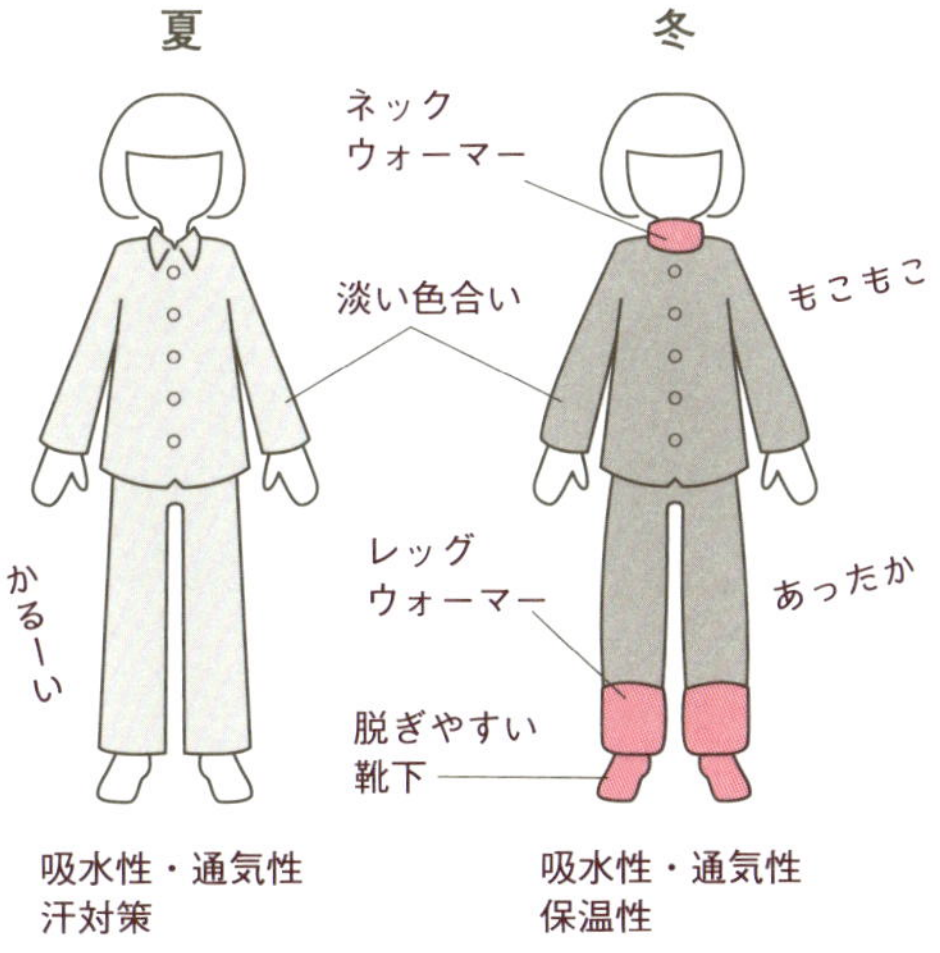

マットレスは「層」に注目、掛け布団はやっぱり羽毛！

このタイプは要CHECK

ここからは、熟睡するための寝具選び。まずはマットレスを選びましょう。もし、寝心地が悪いマットレスで、睡眠時間の前半に不用意に寝返りをたくさん打ってしまうと、その動きにともなって眠りが浅くなり、深い睡眠が得られない可能性があります。

マットレスを選ぶ時は、寝る姿勢を保持しやすいか、寝返りが打ちやすいか、一か所に体圧がかかりすぎていないか等を考慮します。

あお向けに寝た時、重力から解放されて背骨全体の湾曲は少し浅くなるのが通常です。加重の比率は、頭部約8％、胸部約33％、尻部約44％、脚部約15％。敷布団が柔らかすぎると、重いお尻と胸が下がって腰が持ち上がり、身体がW字になって腰椎周辺への負担が大きくなってしまいます。逆に硬すぎると、お尻が持ち上がりすぎて腰椎のカーブが不自然になり、お尻など身体の一部に圧力が集中してしまいます。

床に敷く昔ながらの敷布団は、このような体圧について考慮されてはいません。よい

［あお向けに寝た時に体重がかかる比率］

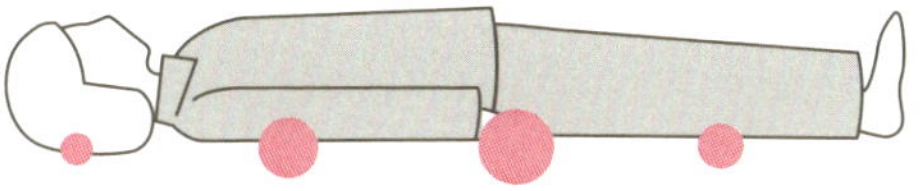

眠りを得るには、やはり眠りに特化して考えられたマットレスがいいでしょう。

以前は、低反発のものと高反発のものと区別されてましたが、最近のマットレスは両方を兼ね備えたものが多く出ています。どちらを優先するべきか聞かれることも多いのですが、気にしたいのは、むしろ詰めものの層数です。

いくらよい特徴的な素材が入っていたとしても、例えば3層と9層ではまったく寝心地が違います。寝返りのしやすさや身体のふんわりとした包み方など、寝てみないことにはわからないので、**いろいろなメーカーの様々なブランドのマットレスに実際に寝転がってみて、とっておきのマットレスを選びましょう。**

マットレスを選んだら、次は掛け布団です。

掛け布団を選ぶ際に気にしたいのが、寝床内気候。これは寝具と人体の間にできる空間の温度や湿度などのことで、良質な睡眠を確保する上で重要な条件となります。温度は32〜34℃、湿度は45〜55%がベストだと言われています。ですから、掛け布団を選ぶ際は、体温を寝床内にためこむ保温性、寝床内の湿度上昇を防ぐ吸湿性・放湿性に注目しましょう。肌触りのよさも追求すれば完璧です。そういう意味では、**保温性や吸湿性・放湿性に優れ、寝返りをしても隙間風を受けにくい羽毛布団はやはり最適でしょう。**

枕選びのポイントは
大きさ・高さ・通気性

頭と首の筋肉や骨に負担をかけず、無理のない姿勢を維持する上で、枕はとても大切な寝具です。

枕は頭だけを乗せるだけのものではなく、首すじ（けい椎部分）のスキマを埋めるもの。自分の肩口に枕があたるくらい、深めに頭を乗せるのが正しいあて方と言えます。朝方、首や肩がいつも疲れている方は、枕を正しく使用できていないか、枕の大きさや高さ、素材が合っていない可能性が。左ページのイラストを参考に、ご自身に合った枕を選びましょう。首にシワが入るようなら高すぎます。気道が圧迫され、いびきをかきやすくなりますし、頭が沈んで顎が上に向いているようなら低すぎでむくみや首痛の可能性も。

枕を選ぶ時は、1人では選ばず、店員さんに首や頭が自然な位置になっているかを確認してもらいましょう。ちなみに、寝ている間に中身が偏ってしまうようなものは、寝姿勢を維持するのが難しいのでNG。様々な素材を店頭で試しながら、ご自身に合った最適な枕を見つけてくださいね。

このタイプは
要CHECK

[正しい枕の選び方]

あお向け寝も横向き寝も両方、枕の高さを確認する必要があります。

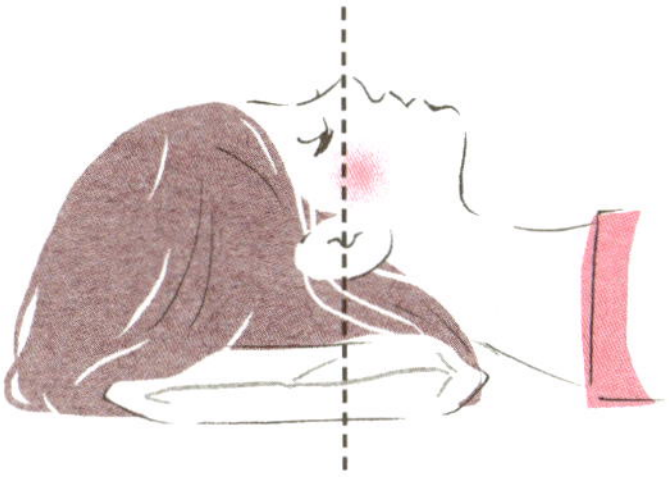

あお向きで寝る際の枕の高さは、耳の穴の前にあるぽこっと突出している点と、眼球が入っている頭骨の穴の下縁の瞳孔のすぐ下の点の角度がほぼ垂直になるように！

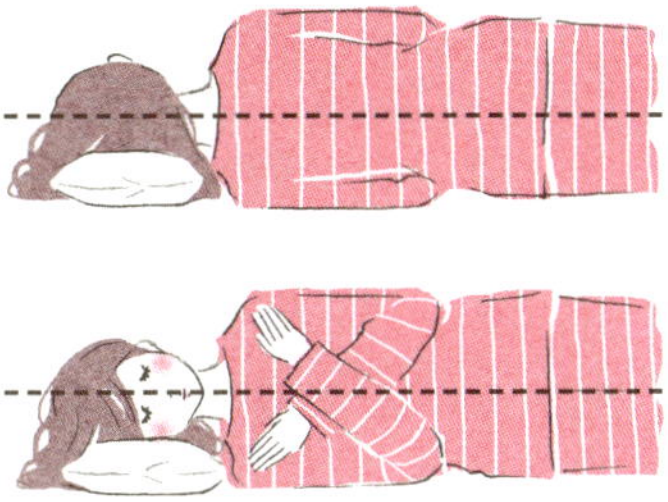

横向きで寝る際の枕の高さは、両手を胸の前でクロスして、目と目の間、顎の真ん中、胸のライン、クロスした腕の交差点を通る線がまっすぐになるように。また、背骨のラインと頚椎のラインがまっすぐになっていればOK。

ただし、枕の高さというのは、マットレスの素材を考えずに選べないものです。マットレスが変われば、選ぶべき枕の高さも変わってきます。必ずセットで選ぶようにしてください。枕だけ買いたい場合は、アフターサービスで枕の高さを調整してくれるところで購入しましょう。

素材は、熱がこもらず、汗を吸収・発散させる通気性のよいものが最適ですが、小さい頃から慣れ親しんだ柔らかさや素材を選ぶのもよいでしょう。ただしメンテナンスが大変だったり、耐久年数が短いものもありますので、値段と相談しながら決めてみてください。

寝室は図書館以下の音量に

工事現場で寝るよりも、波の音が聞こえる静かな寝室で寝たほうがぐっすり熟睡できるように、寝室内の音量が大きければ当然睡眠に悪影響を及ぼします。音の単位は「db（デシベル）」で表されますが、**寝室環境の音は40dbを超えると睡眠に影響がある**ことがわかっています。

40db以上の音がある場合、寝つきが悪くなるだけでなく、**睡眠中の覚醒の頻度および浅い睡眠（睡眠段階1）の増加が見られます。たとえ目覚めなくても、音にともなって身体を動かす回数が増加するため、浅い睡眠の出現が多くなってしまうのです。結果、翌朝の熟睡感や爽快感が低下する**というわけです。

音の大きさの目安は、電気スイッチの操作音が48db、水洗トイレが80db超、台所シンクに水が落ちる音が50～60db。40dbという状態が、いかに静かであるかおわかりいただけると思います。騒音がある場合は、睡眠中でも違和感のない耳栓を用いたり、二重窓にしたり、防音シートを貼ったり工夫するようにしましょう。

このタイプは要CHECK

クリーンな空気でぐっすり

［ 睡眠環境の各国比較 ］

	アメリカ	カナダ	メキシコ	イギリス	日本
毎日／ほぼ毎日ベッドメーキングする	66%	66%	82%	80%	44%
週1回以上シーツを変える	62%	61%	81%	68%	40%
週1回以上寝室の空気を入れ替える	61%	84%	83%	83%	66%

〔出典：米国睡眠財団調査（2013年）〕

さわやかな空気と、排気ガスが充満したお部屋。眠りに適しているのはもちろん前者。まずは上のデータをごらんください。

これは、日本と海外の寝室環境の比較ですが、日本はベッドメーキング率、シーツ交換率ともに最低の40％台。空気の入れ替え頻度も低いのはＰＭ２・５や排気ガスの影響もあるのでしょう。

寝具には、ダニやノミが大好きなヒトのフケや垢、髪の毛などが付着しており、ホコリと相まって寝室の中をふわふわ浮いています。**まずは毎週末にはシーツを洗濯し、掃除機でマットレスや床をこまめに掃除。そして、空気清浄機を稼働させ、クリーンな寝室をつくりましょう。**睡眠中は身体の細胞一つひとつを分裂再生するメンテナンス作業中。キレイな空気の寝室で深い呼吸を繰り返すことで、深い眠りが得られるのです。

このタイプは要CHECK

- 時差ボケ子
- 眠りの浅子
- 寝すぎ子&寝なすぎ子
- ストレスフル子

細胞レベルでキレイになる

美人をつくる
熟睡スイッチ

CHAPTER 4

美人だけが知っているうっとり入浴

「うっとり確定」の入浴手順で熟睡スイッチがONになる！バスルーム環境の整え方、体調別のおすすめ入浴法、浴槽でできる簡単ストレッチ、乾燥から肌を守るタオルの使い方etc.――いずれも美人の秘けつです。

熟睡スイッチをONにする入浴手順

このタイプは要CHECK

時差ボケ子
眠りの浅子
寝すぎ子&寝なすぎ子
ストレスフル子
無茶しすぎ子
まだマシ子

入浴は、身体を清潔にするだけでなく、〈温熱・静水圧・浮力〉効果などによる血行促進や美肌、むくみ解消、疲労回復などが期待できる、「自宅でできる美容エステ」。なかでも、「簡単に副交感神経を刺激させる」という最大のメリットがあります。こんなメリットが日本の文化「お風呂」にはあるのですから、シャワーだけで済ませるなんて、もったいない！

ここからは、心と身体を潤わす入浴をさらによいものに、そして熟眠スイッチをONにし、美をさらに深めるための正しい入浴法をご紹介していきます。

まずは浴室の環境から。左ページの「基本のうっとり入浴法」をご覧ください。うっとり入浴法で重要なことは、温感だけでなく、視覚、嗅覚、聴覚などを用いることです。というわけで、まずはお風呂に入る前に浴室環境を整えましょう。その後、かけ湯、入浴、洗髪……へと続きます。

[洗髪に時間がかかる場合]

環境を整える

↓

全身を鏡に映す

↓

かけ湯

↓

湯船につかって身体を温める
(短時間)

↓

洗髪

↓

湯船につかって身体を温める
(20分以内)

↓

洗体

浴室が冷えていたり、髪が長くて洗髪に時間がかかる場合は、身体が冷やされることがあるため、洗髪後に長くつかるようにしましょう。

[基本のうっとり入浴法]

環境を整える

↓

全身を鏡に映す

↓

かけ湯

↓

湯船につかって身体を温める
(20分以内)

↓

洗髪、洗体

↓

湯船につかって身体を温める
(短時間)

身体が疲れたり冷えていて、今すぐ「うっとりしたい」という場合の基本の入浴法です。

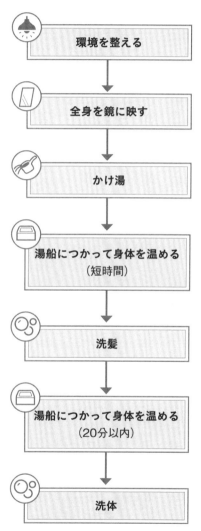

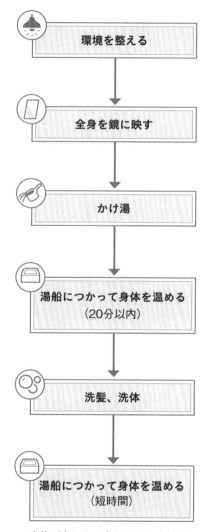

美人をつくるバスルーム環境

入浴をうっとりとしたものに、また睡眠を促すためには、バスルームの照度を**150~300ルクス、可能であれば150ルクス以下に設定しましょう。色温度は低く、暖色の照明が望ましい**です。せっかく居間では睡眠前に適した光調整を行っているのですから、眠りを促すメラトニンの合成を妨げないように、浴室の照度も調節しましょう。既存の照明の電球を変えたり、ふたつ以上照明がある場合はひとつだけにしてみるなど工夫してみてください。もし変えられないのであれば、いっそのこと浴室のライトを消して、お風呂の中で使える防水加工された間接照明やキャンドルを使いましょう。

音も就寝前のうっとり習慣の時と同様に、防水加工のスピーカーでトロイメライなど呼吸数よりもゆっくりとしたテンポのヒーリング音楽を流し、副交感神経系を刺激しましょう。もし音楽を聴く装置がなければ、浴室で歌うのも◎。声が響いて気持ちがいいだけでなく、息継ぎの際に通常よりもたっぷり空気を吸うため、よりリラックスできます。香りにも力を入れたいところ。

熟睡POINT

石油からつくられたパラフィンを用いたキャンドルは、揮発性有機化合物を放出するため人体によくありません。浴室など密室で使う場合は、ミツバチの分泌物からつくられる蜜ロウや大豆由来のソイワックスを原料とする上質な天然のキャンドルを使いましょう。

このタイプは要CHECK

- 時差ボケ子
- 眠りの浅子
- 寝すぎ子&寝なすぎ子
- ストレスフル子

就寝前のうっとり習慣タイムに登場した精油のラベンダーで高まった交感神経系を低下させたり、ゼラニウムやジャスミンなどのフローラル系、フランキンセンスやベンゾインなどの樹脂系の香りで、高ぶった心を落ち着かせましょう。

直接3~5滴、浴槽に滴下するのもよいですが、有効成分が揮発しやすく香りの持続時間が短いため、温湯を注いだマグカップや洗面器などに1~3滴入れて芳香浴を楽しむのがよいでしょう。

[ホッと一息、アロマレシピ]

材料

ガラスのカップ
つまようじ

ハチミツ …… 大さじ1
オレンジ …… 2滴
ローズウッド …… 1滴
ゼラニウム …… 1滴

作り方

ガラスのカップにハチミツを入れ、精油を加えて軽く混ぜます。お風呂に入る直前に湯船に入れ、軽く混ぜてから入りましょう。

タオルを上からかぶると香りが持続！

入浴前の美人磨き

身体のラインが美しい女性タレントや海外セレブは、入浴前に鏡でボディチェックをするそうです。キレイなプロポーションを維持するには、現状を把握することがとても大切なんですね。

実際、入浴時は全裸になる唯一の時間。普段見えない、背中やお尻もくまなく観察しながら、触って身体の肉付きの確認を。**体重よりも見た目体重が大切です。**現状を把握して自分自身を見つめることは、日ごろの生活習慣を振り返るよい機会になります。

この時に乳がんチェックも行いましょう。鏡の前で真正面や真横、バンザイした時など、乳首のくぼみや向きはどうか、引きつりはないか等をチェックしてください。身体を洗う際には、石けんを使ってしこりがないかも確認しましょう。入浴中に素肌状態を確認するために、手鏡も準備しておくのもいいですね。

浴室に入ったら、ぬるめのお湯やシャワーを心臓から遠い手足の末端から心臓方向に向けて温めましょう。身体を温めて末梢血管を広げ、血圧の急上昇を防ぐためには大切なことです。

短時間の入浴でものぼせてしまう方は、湯船につかる前に頭から「かぶり湯」をしてみてください。草津温泉の伝統的な時間湯は48℃の高温浴ですが、入浴を可能にしているのは、かぶり湯などのかけ湯を行っているということも理由のひとつ。しゃがんで頭を下にして、頭にタオルを広げてお風呂のお湯やシャワーをかけると耳にお湯が入りません。普段は立ちくらみのない方でも、温泉等に入る時には行うことをおすすめします。

また、**化粧品による肌の詰まりがあれば、その後の入浴の際に汗と汚れが相まって肌荒れにつながる可能性があるため、この時に化粧を落としておきます。**

洗顔は湯船につかってからでもよいのですが、吹き出ものなど肌トラブルを抱えている場合は悪化する可能性もあるため本格的に湯船につかる前がよいでしょう。皮脂分泌が多くない方や、浴室が寒くない方は、お風呂から出る直前に洗顔をしていただいて構いません。

40℃以下の極楽タイムで熟睡スイッチをONにする

このタイプは要CHECK

時差ボケ子
眠りの浅子
寝すぎ子&寝なすぎ子
ストレスフル子
無茶しすぎ子
まだマシ子

それではお風呂につかりましょう。**お風呂の温度は40℃以下のぬるめのお湯がベスト。副交感神経が働き、心も身体もホロホロほぐれて心地よくリラックスできます。**毛穴や汗腺が開き、角質がふやけて柔らかくなり、余分な皮脂や汚れが取り除かれます。

42℃以上は交感神経が優位になりやすいため、好んで入らないほうがよいでしょう。また41℃は副交感神経と交感神経の入れ替わりの温度。「寒いから」と高めの温度に設定しがちですが、うっとりするためには、40℃以下のお風呂にゆっくりつかることが大切です。ともあれ、基礎体温の違いによって感じ方は様々。あくまで目安でOKです。しばらく入ってみて、心臓の鼓動が早くなるようなら、温度を下げてくださいね。

なお、鎖骨下には、身体中から集められたリンパ液が流れ込む静脈があるので、お風呂には鎖骨までつかりましょう。**半身浴では十分に身体を温められないので、高血圧や心不全など持病がある方を除いて、半身浴ではなく全身浴を選択するように**してください。

また、より心地よく「うっとり」するためにも、呼吸と浮力を利用しましょう。

①血圧の急上昇を防ぐため「はぁー」と息を吐きながら湯船につかる。
②くつろいだら、頭を湯船の端に預けます。腕には力を入れずに。
③口から細く長く息を吐き、鼻からゆっくりと吸い込んで充満させます。
④口から静かに息を吐いていきます。身体がお湯にふんわりと浮いてきます。
⑤ゆらゆらと力を抜きながら、その状態をうっとり楽しみます。

お風呂の中では浮力が働き、首までつかることで体重が普段の約1／10まで軽くなります。例えば50kgの女性なら約5kg。そのため、様々な関節の過重負担を軽減することができ、心も身体も緊張から解き放たれます。力を入れず、まぶたを閉じて、ゆっくり呼吸を繰り返しながらお風呂に入りましょう。

入浴剤を使って美肌をサポート！

このタイプは要CHECK

時差ボケ子
眠りの浅子
寝すぎ子&寝なすぎ子
ストレスフル子

バスタイムには先ほどご紹介したアロマのほか、入浴剤を使うことをおすすめしています。

日本のさら湯は、カルシウムやマグネシウムの含有量が少ない軟水で、お肌よりも浸透圧が低いため、ゴシゴシこすらなくても汚れがとれるというメリットはあるものの、その分お肌に刺激を与えやすいのが玉にきず。肌の天然保湿成分が取り去られやすくて乾燥しやすいため、入浴剤を入れてある程度防ぐ必要があります。最近の入浴剤には、温熱効果や保湿度、保温度を高めるものがたくさん出ています。

また、入浴剤の色によって、様々な心理的効果を得ることができます。夏場によく発売される清涼系の入浴剤には、水色の着色がされていることが多いですよね。これは、暑い日でも水色のお湯を見ると、実際の温度よりも低く感じるため。同様に、冬に温熱効果を高めたいなら、寒色系よりもピンク色等の暖色系の入浴剤がよいでしょう。左ページの表でおもな種類をご紹介しています。好みのものを見つけて活用しましょう！

[入浴剤いろいろ]

無機塩類系

硫酸ナトリウムや硫酸マグネシウム、炭酸ナトリウムなどの無機塩類。湯をまろやかにして温熱効果を高め、あせも、ひび、あかぎれなどを予防。市販の入浴剤で、○○温泉の湯などと温泉地名をうたっているものの多くがこれです。ヴィクトリア・ベッカムはエプソムソルト（硫酸マグネシウム）を入れて入浴しているとか。

スキンケア系

セラミドやホホバ油、スクワラン、ミネラルオイル、コレステリルエステル、ワセリン、海藻エキスなど保湿成分が含まれている入浴剤。角質細胞の水分量が多くなり、お肌の潤いにつながります。ただし、オイルが高配合されている入浴剤は、ベトベト感があるので、お風呂掃除を念入りにする必要があります。

炭酸ガス系

炭酸水素ナトリウム、クエン酸、コハク酸、フマル酸、リンゴ酸、などで炭酸ガスを発生。親脂質性があるため皮膚の角質層から簡単に体内に吸収されて抹消血管を強く広げ、血行を促進。抹消血管が広がるため、軽度の高血圧症や冷え性などに効果的。重炭酸イオンという水温が高くなくても血流量を増加させるものもあります。

酵素系

たんぱく質分解酵素であるパパイン、パンクレアチンなどの酵素が主成分。たんぱく質、脂肪、でんぷんなどを分解する酵素の穏やかな働きで、皮膚表面の角質層の汚れを除去します。

清涼系

メントールを主に、炭酸水素ナトリウム（重曹）、硫酸アルミニウム（みょうばん）などを配合。メントール配合のものは、ハッカのすがすがしい清涼感が、炭酸水素ナトリウムは身体の熱を放散させて湯上りのさっぱり感が特徴です。

クレイ

追い炊きや再利用は不可ですが、天然のクレイは欧米のスパで高い人気。

グリーンモンモリオナイト
カルシウムやマグネシウムなど多くのミネラルを含み、美容パックとしても人気。すべすべしっとり肌をつくってくれます。

レッドイライト
二酸化鉄やヘマタイトを含むため、血流がアップ。脂肪燃焼やセルライト改善が期待できます。

イエローイライト
豊富に含まれる酸化鉄やリンが新陳代謝を高めてくれるほか、疲労解消&冷え改善の作用があり、関節炎や腰痛なども和らげます。

グリーンイライト
ミネラル含有量が多く吸収力が抜群で、治療目的で使われることも。老廃物の吸収、むくみ改善、捻挫などの炎症を抑える効果も。

ホワイトカオリン
もっとも粒子が小さく、敏感肌や乾燥肌の人にもやさしい肌あたり。アルミニウムを多く含み、傷ついた皮膚を修復させます。

快便・美肌・ほっそりが叶う入浴法

基本のうっとり入浴のほかにも、目的に応じて様々な入浴法があります。便秘解消や美肌、むくみ解消といった健康・美容効果のほか、スポーツ後や仕事前の入浴法まで。マスターすれば、快便も美肌もほっそりも自在！

このタイプは要CHECK

時差ボケ子
眠りの浅子
寝すぎ子&寝なすぎ子
ストレスフル子

便秘を解消したい時

副交感神経を優位にするため、40℃ほどのぬるま湯にゆったりつかり、大腸の流れに沿って直腸付近まで指圧を行います。滑りが悪い場合は、脂溶性のオイルを用いましょう。便秘には食生活、自律神経の乱れ、運動不足など様々な原因があるため、生活習慣を改善することが先決です。また、睡眠中の消化器系の副交感神経を働かせ、十二指腸から分泌される消化管ホルモンのモチリンの分泌を促すように睡眠の質を高めることも大切です。

美肌を保ちたい時

38～40℃のぬるめのお湯に、肌がふやけない程度につかりましょう。日本のさら湯は、肌への刺激が強いので、入浴剤の使用や、二番湯をおすすめします。水分が肌についた状態が続くと、水滴の蒸発とともにどんどん肌が乾燥するため、入浴後は素早く浴室内でタオルで水分を拭ったあと、浴室内でクリーム類を塗布し、肌の湿度を保つよう心がけてください。

［ 入浴法は目的に応じて変えましょう ］

スポーツ後の筋肉の疲れをとりたい時

42℃ほどのお湯に、5～10分短時間入浴を行います。つかりながら強めの圧のシャワーを筋肉の疲れが気になる部位にかけるのもよいでしょう。また、一度浴槽から出て、手足の末端に冷水シャワーをあててから再度浴槽に戻ると、血行がよりよくなって筋肉の緊張緩和に役立ちます。

むくみを解消したい時

お風呂の深さが50㎝、体表面積1.5㎡（例えば体重50kg、身長155㎝）とすると、50㎝×15000㎠＝合計750kgの水圧がかかることになります。つまり、何もしなくてもお風呂に入るだけで特に下半身の静脈やリンパ管が圧迫され、むくみ解消につながるのです。それでもむくみがひどければ、約42℃のお湯に3～5分つかり、3～5分休憩する入浴法を3～5回繰り返してみましょう。血管やリンパ管の圧力を交互に変えることで身体の循環がよくなり、むくみが解消します。ただし、交感神経が刺激されるため寝る前には行わないこと！

仕事前にシャキッとしたい時

42℃ほどの熱い湯に、2～3分ほどつかります。熱い湯の温浴や冷たい水のシャワーは血管の交感神経系を刺激し、心身の緊張を促して活動しやすい身体に変化させます。長湯は、身体の疲れにつながるためNGです。ちなみに、夜は副交感神経が優位にならないと自律神経のバランス乱れにつながりかねないため、寝る前の高温入浴は避けてください。

風邪気味に効く！　免疫ＵＰ入浴術

ここでは、風邪気味の時の入浴法をご紹介します。もちろん、お風呂に入る体力や気力がなかったり、高熱がある場合は無理して入る必要はありません。「なんとなく風邪気味かもしれない」と感じた時に試してみるとよいでしょう。

私たちの身体には、自己回復力を高めたり、免疫細胞の活性を高めてくれるＨＳＰ（ヒートショックプロテイン）というたんぱく質が存在しています。そのため風邪気味の際には、このＨＳＰを増やすことがとっても重要だと言えます。

ＨＳＰは、身体に何かストレスが加わった時に増加するのですが、一番手っ取り早いのは、「お風呂」という熱ストレス。ということで、風邪のひきはじめには、ＨＳＰを増やす入浴法を行ってみましょう。

基礎体温を測りながら、左ページ図の水温と時間を目安に入りましょう。ただし、中途半端な体温上昇だとお風呂上がりに身体が余計に冷えてしまい、風邪が悪化する可能性があるので、やる時はしっかりと行ってください。

[HSPを増やす入浴法]

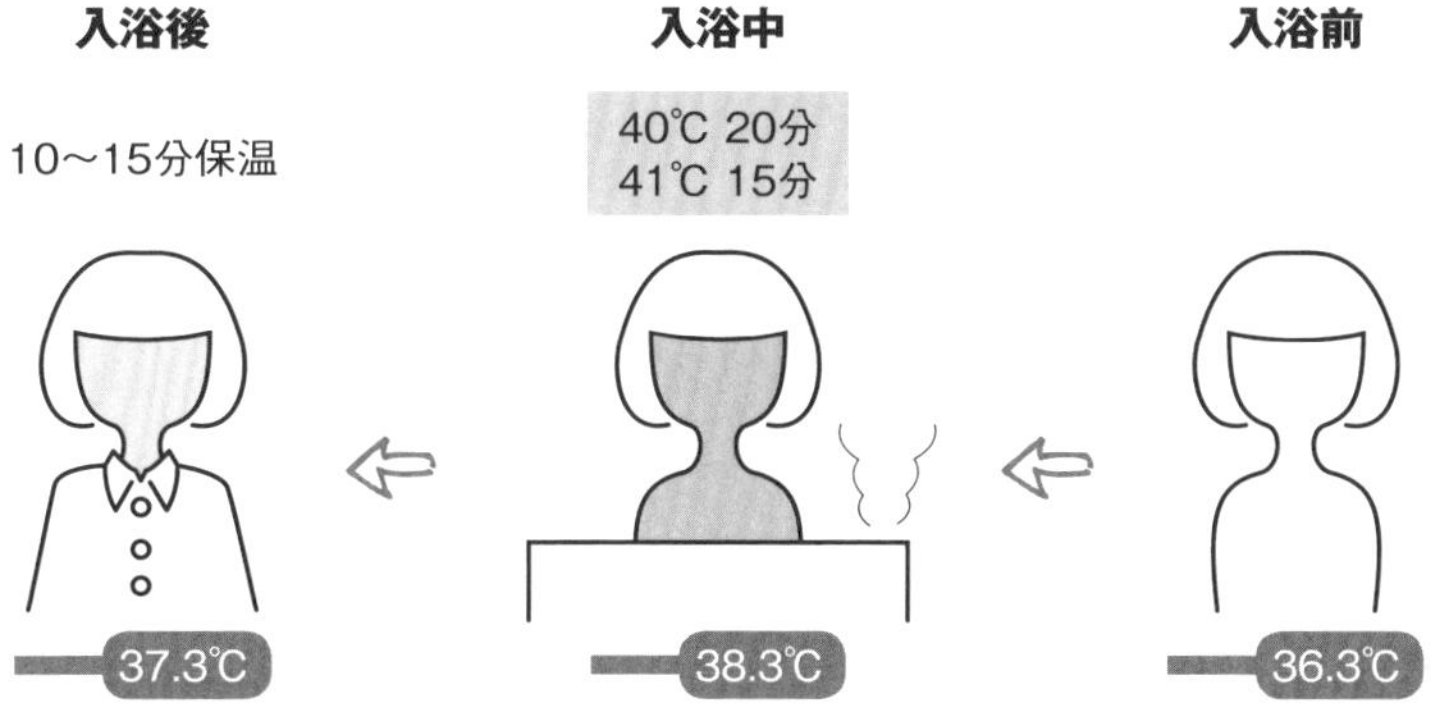

湯船につかる時間は、40℃のお湯に20分、
41℃のお湯では15分が目安

浴室に基礎体温計を持ち込み、基礎体温を測ってみて2℃ほどアップしていれば問題なし。つらい時は、頭は洗わず湯船につかるだけでOK。

入浴後は「浴室」でしっかり水分をふき取り、適温のリビングで10〜15分、全身保温してください。その際、入浴中の基礎体温より1℃以上低くならないように着込みましょう。入浴中も入浴後も適宜、お白湯や常温の水を飲んでください。

ちなみに、**免疫機能は夜間寝ている時にもっとも活発となるリズムを持っているため、日中に体外から入ったウイルスや、身体の中で生まれたがん細胞に攻撃するためには、きちんと寝ることがとても重要**です。風邪をひきやすい方は、熟睡ができていないため免疫細胞が働いていない可能性があると言えます。風邪を治すことも重要ですが、熟睡スイッチをONにして風邪をひかない丈夫な身体をつくりましょう！

冷え性はうっとり強化で必ず治る

このタイプは要CHECK

時差ボケ子

眠りの浅子

寝すぎ子＆寝なすぎ子

ストレスフル子

無茶しすぎ子

まだマシ子

冷え性でお困りの方は多いのではないのでしょうか。もし、あなたが夜寝る前にも手足の冷たさが気になるのなら、交感神経が優位になっているのかも。

うっとり不足は、冷え性も誘発してしまうのです。また、冷え性さんには夜の寝つきが悪い人がいっぱい。どんな年代でも、人によって就寝時刻がそれぞれ違ったとしても、就寝前には深部体温が低下します。しかし、手足の冷えがある場合、表面血流が悪いので、深部体温が外へ外へと放熱せず、結果寝つきを悪くしてしまうのです。

ほら、寝る前の赤ちゃんの手足って、とっても温かいでしょう? あれは、熱が外側に逃げて、眠りに適した温度設定にするための身体の反応なのです。

冷え性改善の簡単な方法は左の3つ。シャワーではなく、お風呂につかってください。

[冷え性改善の三種の神器]

お風呂

40℃以下のお風呂にゆったりつかりましょう

お風呂で副交感神経を優位にしましょう。お湯と冷水を手足に交互に浴びる、温冷交代浴も◎。

うっとり習慣の強化

うっとり不足は交感神経が優位になりがち

お風呂上がりはバタバタせず、様々なうっとり方法を駆使して、副交感神経を刺激しましょう。

レッグウォーマー

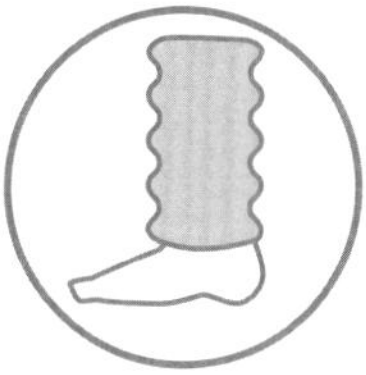

単純に冷気により熱が奪われているだけかも

暖房や靴下、レッグウォーマーを使用。着なくなったトレーナーの袖を切って履くのもGOOD。

熟睡 POINT

靴下は就寝前に脱ぎましょう（P.73参照）。

[足首には、冷え性に効くツボがたくさん]

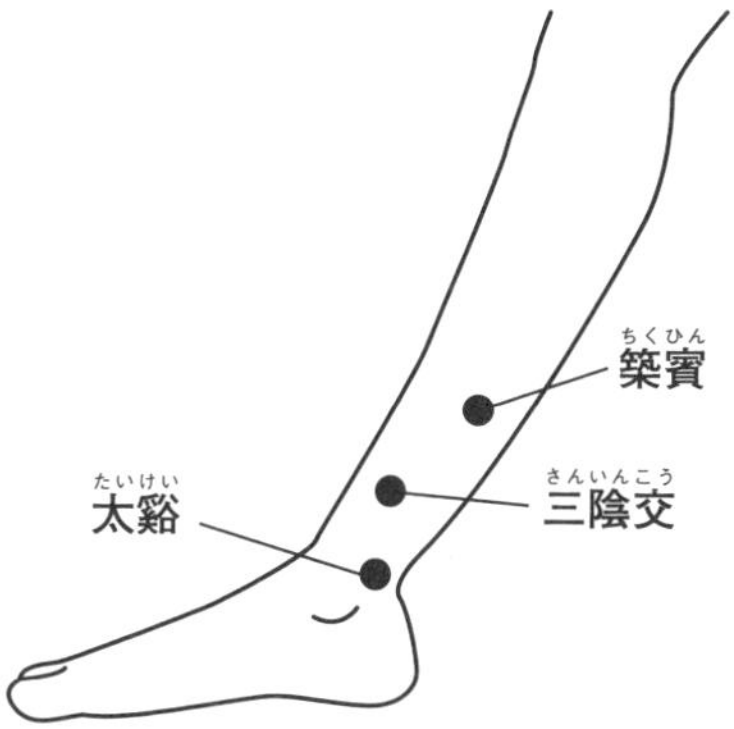

三陰交《さんいんこう》
冷え性、低血圧、生理痛、生理不順、更年期障害

築賓《ちくひん》
冷え性、のぼせ、アキレス腱炎、めまい、耳鳴り、吐き気、食あたり

太谿《たいけい》
冷え性、のぼせ、低血圧、アキレス腱痛、歯痛、精力減退、無気力、めまい

浴槽の水圧でほっそり！　熟睡ストレッチ

このタイプは要CHECK

時差ボケ子
眠りの浅子
寝すぎ子&寝なすぎ子
ストレスフル子

浴槽で何もせずにうっとり過ごすのもいいですが、20分という時間は短いようで長いものです。

防水のブックカバーやケースを使って読書するのもいいでしょう、歌を歌うのもいいでしょう。けれども、もっとも効果的なのは、お風呂の水圧を利用したストレッチやエクササイズかもしれません。

93ページでも紹介した通り、**体重50kg身長155cmの女性がお風呂に入るだけで、約750kgの水圧がかかっています。**また、**特に下半身の静脈やリンパ管が圧迫されるため、むくみ解消にもつながります。**この水圧を利用しない手はないでしょう。

それでは、左ページのイラストを参考に、熟睡ストレッチを行いましょう。ストレッチ名の動物になった気持ちで、楽しく、ゆったりと呼吸をしながら行ってくださいね。

[お風呂の中で行うアニマルストレッチ]

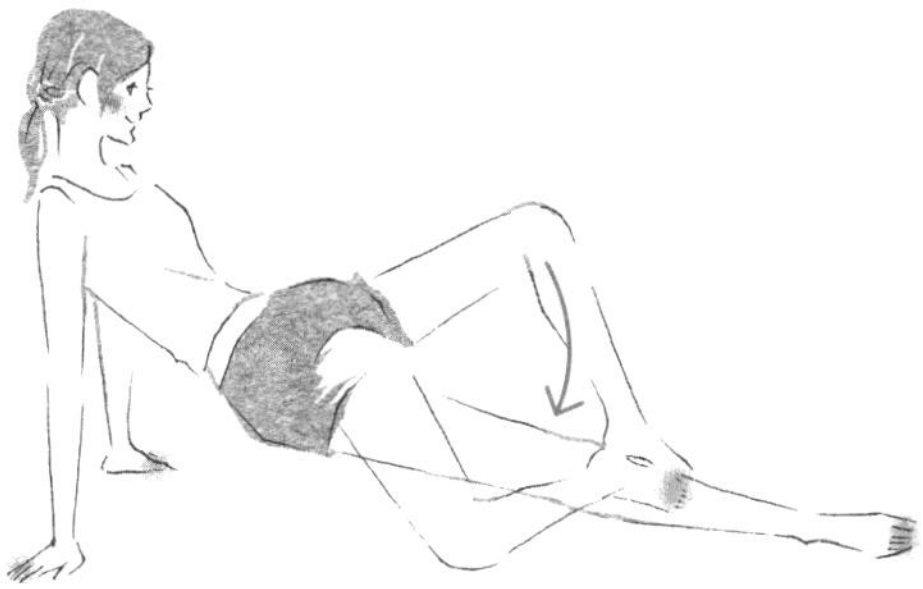

アシカのストレッチ

左足を右膝に置き(難しければ脚を組み)、右脚は可能であればのばします。お尻を浮かし、左膝を右側にパタンと倒します。反対側も。アシカになったつもりでウエストをひねりましょう。

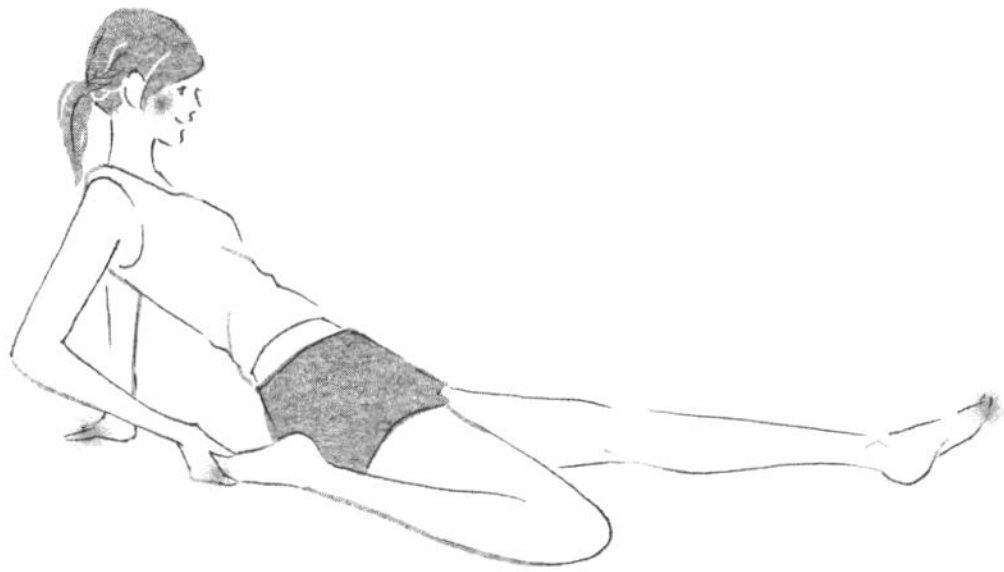

サヨリのストレッチ

片脚を曲げて手でつま先を手前に引き寄せます。張りやすい太ももの前側をのばします。反対側も。細長い魚のサヨリをイメージして、お尻を締めて行いましょう。

マンボウのストレッチ

右膝を立て、左足を右の太ももに置きます。両手で右脚を抱えて、手前に引き寄せます。反対側も。まあるいマンボウのように身体を小さくしてお尻をのばしましょう。

女はうるおい！
入浴前・中・後の正しい水分補給

銭湯や温泉でお風呂上がりに「体重が減った！」と喜んでいる女性を見かける機会がありますが、これは脂肪が燃えたのではなく、水分が汗となって排出されただけ。

「体重が減ったのだから、いいじゃない」と見る向きもあるかもしれませんが、大量の発汗は水分不足を招き、血液ドロドロ状態につながります。だからこそ、適切な水分補給が重要になってきます。

入浴前後にコップ1杯の水を飲むのもいいですが、いわゆる一気飲みをしてしまう可能性があるので、あまりおすすめしていません。一気に摂取すると、すべてを吸収できなかったり、血中の塩分濃度が薄まって軽い頭痛や嘔吐、疲労感が出始めることもまれにあるからです。

ベストは、ペットボトル容器に常温の水を入れて浴室内に持ち込むこと。ペットボトルの水を湯船に浮かべておくと、次第に水が温まって内臓にやさしい温度になります。それを、ちょびちょびと飲んでください。

また、お風呂上がりのキーンと冷えた飲みものは、喉越しはよくても食道や胃にとってはよくありません。内臓にとっては約37℃が最適温度。冷たい飲みものは控えるようにしましょう。

「水分補給ならスポーツドリンク」という認識で、スポーツドリンクを用意される方もいらっしゃると思います。けれども、含有されている糖質の多いこと！

一般的なスポーツドリンクは５００㎖中に約30ｇの糖質が含まれていますが、小さめの角砂糖１個３ｇとして、約10個分ということになります。そして、糖質が少なくても油断は禁物。糖質の代わりに人工甘味料が含まれているからです。

人工甘味料とは、アスパルテーム、アセスルファムK、スクラロース、サッカリンナトリウムなどがありますが、数々の研究で身体への悪影響が示唆されています。スポーツドリンクの摂取は避けたほうが無難ですね。

激しい運動など短時間で汗を排出するような状況を除いて、身体から排出したミネラルはバランスのよい食事を摂っていれば得られるもの。飲料からミネラル分を摂取しようと思わなくてもよいのではないでしょうか？　水やお茶、ハーブティなどナチュラルなもので水分補給するようにしましょう。

美しくなれる頭と身体の洗い方

頭にも身体にも、正しい洗い方があります。それを知らないと、肌荒れや髪の痛みが気になって、うっとりできずに熟睡スイッチをメンテナンスするどころではないでしょう。日本の水道水はミネラルや不純物が少なく浸透圧が低いため、皮脂汚れは浴槽につかるだけで十分取り除かれます。また、そもそも皮膚の汚れはほとんどが水溶性。そのため、**わざわざボディーソープを使用してゴシゴシ洗う必要はないのです。**しっかり洗いすぎてしまうと、皮脂や常在菌まで洗い流してしまい、乾燥肌になってしまいかねません。洗うなら、湯船の外に出ている首やデコルテを。

夏などで汗をたくさんかいた日、ゆっくり湯船につかってもベタつきがとれない場合は、**皮脂の多い背中、胸、お尻、脇、足裏を泡立てた石けんを使って手でやさしく洗い流しましょう。顔を洗うように、しっかりと泡立ててから泡を転がすように洗うのがポイントです。足の裏など角質が溜まって硬くなっている場合は適宜スクラブ入りソープでやさしくなじませ、すすぎ後はしっかり保湿をしましょう。**

ウォータープルーフの日焼け止めを使用している時は、湯船につかったりボディソープだけではとれないことが多いので、その場合は専用のクレンジング材を使用してくださいね。

洗髪には少しコツがあります。左の手順で、少し時間をかけて洗いましょう。トリートメントも適宜行ってくださいね。

[正しい頭の洗い方]

1 もつれた髪の毛を粗目のブラシでやさしくとく

髪の毛のもつれをほどいてから洗髪するほうが、効率よく洗い流すことができます。もつれたままでは、もつれた髪の内部の汚れや頭皮の汚れが十分に洗い流せない可能性があります。

2 38〜40℃のお湯だけで髪の毛や頭皮を満べんなく洗う

髪の長さに合わせて2〜5分かけましょう。髪の毛や頭皮の湿り気が少なければ泡立ちが悪くなります。シャンプーなしの洗髪が退屈な場合は、「見えないシャンプーがすでについている」と考えて！

3 手のひらで軽く泡立てたシャンプーでマッサージ

泡を頭に乗せて指の腹でマッサージするよう洗います。髪の毛の汚れは洗い流す時に十分洗浄できます。髪の毛ではなく、頭皮を洗うようにしましょう。泡立ちが足らなければ②が不十分な証拠。

4 すすぎは「流せた」と思ってから、プラス3分ほど

しっかりと泡を洗い流しましょう。洗い流せず残った石けんカスは頭皮の雑菌のえさとなり、においや頭皮状態の悪化につながります。

乾燥から身を守る！　賢いタオルの使い方

身体を拭いてパジャマを着て、化粧水と保湿クリームを塗って、髪を乾かして……と、お風呂上がりはなかなか忙しいものです。けれども、このタイミングでバタバタしているようでは、熟睡スイッチがＯＮになるはずもありません。**お風呂上がりのルーティンを整理して、うっとり過ごすコツをお教えしましょう。**まずは、「身体の拭き方」から。

肌についた水分が乾燥する際、皮膚の水分まで奪われていきます。そして、乾燥の速度は湿度が低いほど速くなります。お風呂から上がってタオルで身体を拭く場所は脱衣所が多いかもしれませんが、水蒸気が充満した浴室で行うくせをつけましょう。特に**乾燥する冬は、湿度の高い浴室で身体を拭くようにしましょう。**

その際、タオルでゴシゴシこするとお肌の乾燥を加速させてしまいます。そもそもタオルの吸水メカニズムを見ると、実はゴシゴシしなくても水分を吸収してくれる仕組みが備わっています。タオルのような編み込んだ生地のものは特に、繊維に沿って水分が

[タオルの素材いろいろ]

綿(コットン)	タオルの定番。柔らかく吸収性に優れている。品種や産地、織り方によって風合いが違う。
亜麻(リネン)や苧麻(ラミー)	耐久性や吸水力がよく、毛羽落ちが少ない。しかし、洗濯するとシワになりやすいので乾かす時に注意が必要。
ガーゼ	デリケート肌の方や赤ちゃんにおすすめ。軽くて柔らかく、乾きやすく毛羽が出にくい。
無撚糸	綿花をねじって作られる糸と違い、繊維をねじることをしないタオルなので、ふんわり柔らかい肌触り。吸水性や保湿に優れる。
マイクロファイバー	極細の繊維となっているため、素早く吸水し、すぐに乾く。ただ、このタオルでゴシゴシ拭くと肌を痛めることも。

吸い上げられていきます。拭くというより、やさしく身体にタオルを吸いつけるイメージで行いましょう。

バスローブを利用するのも◎です。吸水性や速乾性に優れるバスローブなら、濡れた身体の上にさっと着ることで、素早く水分の除去や保温を叶えることができます。また、すぐにパジャマを着るよりも、バスローブでは肌の保湿がされやすいため、乾燥する冬には重宝します。

タオル類を選ぶポイントは、何と言っても「吸水性」です。そして、何度もの洗濯に耐えられるだけの「耐久性」。また、お肌に直接触れるものですから、「肌触り」も忘れてはなりません。もちろん「価格」も視野に入れながら選ぶ必要がありますね。

就寝前の美肌ケアで熟睡スイッチをONにする

熟睡 POINT

美肌には自律神経のバランスを整えることがとても大切！ スキンケアだけでなく、よく寝ること、寝る前のうっとりも欠かさないようにしましょう。

肌の水分を取り除いたら、**そのまま浴室内でオイル類を身体に塗って肌の湿度を保つよう心がけましょう。**水分がついた上からオイル等を塗る方も多いようですが、水分が蒸発する際に熱を奪ってしまい、湯冷めを引き起こしてしまいます。

塗布するものでおすすめなのは、植物から抽出したキャリアオイル。精油と違って香りはあまりありませんが、目的はあくまでも保湿。もちろん香りが添加されているものでもよいですが、できる限りお肌にいい、ナチュラルなオイルを使用したいものです。

朝のスキンケアは、紫外線やホコリなどの日中の様々な刺激からお肌を守るためのケアがメインですが、**夜は日中に受けてしまったダメージ肌を回復させるケアが必要**です。お肌の細胞分裂は主に、夜寝ている時間に行われます。そのため、細胞分裂を促し、抗酸化作用のある成分が含有されているものがおすすめです。入浴後なので朝よりも毛穴が開いており、有効成分が届きやすくなります。栄養や保湿をたっぷり与えましょう。

[キャリアオイルいろいろ]

マカダミアナッツ油

マカダミアナッツの堅果を低温圧搾法で抽出した植物油です。なんといっても、若者の皮脂に多いパルミトレイン酸を多く含み、皮膚への浸透性が高くて使いやすく老化肌や乾燥肌の方に最適。酸化はしにくいです。

ホホバ油

ホホバの種子を低温圧搾法で抽出した植物ロウで、低温では固まりやすい特徴があります。保湿力が高く、べたべたしないので乾燥肌や脂性肌におすすめ。非常に酸化しにくいです。

スイートアーモンド油

スイートアーモンドの種子を低温圧搾法で抽出した植物油です。かゆみや炎症のある肌にも用いることができる万能オイルで、顔や身体全身に使用できます。

伸びもいいので使い心地バッチリです。

ボリッジ油

ボリッジの種子から低温圧搾法で抽出する植物油で、γ-リノレン酸を多く含むため、老化肌対策としては最適です。酸化しやすいので、冷暗所で湿気を避けて保管しましょう。

ツバキ油

ツバキの種子から低温圧搾法で抽出される植物油です。酸化しにくく扱いやすいほか、粘性があります。肌や髪に用いるとよいでしょう。

アプリコットカーネル油

アプリコットの種子から低温圧搾法で抽出した植物油で、ビタミンやミネラルを多く含んでおり、浸透しやすいため保湿効果に優れています。

サラサラして使用しやすいため、乾燥肌や老化肌、敏感肌に向いています。

イブニングプリムローズ油

月見草の種子を低温圧搾法で抽出した植物油で、女性ホルモン作用や抗アレルギー作用があります。肌の再生や炎症を抑える働きもあり、シワやたるみの予防に最適です。ただし大変酸化しやすいため、開封後はすぐに使用しましょう。

ローズヒップ油

バラの種子から低温圧搾法で抽出した植物油で、ビタミンC、ビタミンB、Eを含み皮膚の再生を促すので、シワやたるみなどの老化肌対策として最適。酸化しやすい植物油なので保管は注意。

グレープシード油

ブドウの種子から圧搾法により抽出した植物油で、ビタミン類を含み肌への浸透性が早く、角質を除去する作用があります。伸びやすくサラサラした使い心地です。ただ、酸化しやすいため早く使い切りましょう。

ウィートジャーム油

小麦胚芽を高温圧搾法や浸出法により抽出された植物油で、ビタミンが豊富に含有されているため、老化肌や乾燥肌向き。ビタミンEが豊富なので酸化はしにくいですが、小麦アレルギーがある方は避けましょう。

女は髪が命！　美髪を保つタオルドライ＆ドライヤー

洗髪後はドライヤーをする前に、まずタオルドライをしましょう。すぐにドライヤーを使うより乾燥時間が短縮されるため、キューティクルをいたわりながら髪を乾かせます。その際、間違っても髪の毛をタオルで挟んで髪をこすり合わせて拭くのはNG。髪が傷ついてしまいます。吸水性のある目の細かいタオルでやさしく毛をはさんで軽く押しつけるように吸着させましょう。その後、適宜ヘアオイルを塗ってドライヤーを使いましょう。

キューティクルが変形して傷みやすくなる温度は「70℃」ですが、一般的なドライヤーの温度は１００℃以上。可能であれば70℃未満の低温に設定できるドライヤーを用意するとよいでしょう。もしご自宅のドライヤーが、温度調節できないものであれば、髪の毛から15～20㎝ほど離して、熱風と冷風を交互にして乾かします。**髪の毛も皮膚の一部です。手に風をかざしてみて熱いと感じる温度は、髪にとってもよくない**と覚えておいてください。

また、ドライヤーをあてる際は、効率よく乾かすために根元から乾かすようにしましょう。毛の流れに向かって水分が移動していくので、乾くスピードが速くなります。ちなみにドライヤーだけで乾かすと、吹き飛ばされた水分が別の髪の毛についてしまい、乾くまでに時間がかかることになります。吹き飛ばされた水分がタオルに吸着するよう、タオルを髪の毛に沿えながらドライヤーを使いましょう。

髪が乾いたらやさしくブラッシング。

けれども髪の毛が乾燥しすぎていたり、傷んでキューティクルのうろこ状の膜がささくれ立った状態では、ブラシの通りが悪いため、つい力を入れてときがち。

この摩擦こそが、キューティクルがはがれ、内側の繊維が乱れて枝毛や切れ毛につながる原因。**はがれたキューティクルは二度ともとに戻ることはありません。キューティクルを保護するためには、摩擦を防ぐ必要があるのです。**

使いたいのは、豚毛や猪毛や静電気防止加工を施されたブラシ。目の細かいものより粗いもののほうが摩擦は生じにくくなります。目の細かいものは、ブラッシングの仕上げ用として使用しましょう。

睡眠の質を高める頭皮マッサージ

ブラッシングの後は、眠りを促す頭皮マッサージ。毛細血管の血流がよくなると、脳の深部体温の低下を促します。夜寝る前まで、仕事や人間関係などの考え事で脳が熱くなっている方は、**頭皮マッサージで表面血流をアップさせましょう。熱くなった深部体温を低下させ、気持ちよく眠りにつくことができます。**

まずは**頭皮全体を指の腹でもんでみてください。もしも頭皮が動かない状態なら、毛根部の血流が悪い証拠。**最近髪にツヤがなかったり、切れ毛や枝毛が気になるのは、そのためです。頭皮は当然ながら顔や全身の皮膚とつながっているので、頭皮が硬ければ顔のたるみやシワなどにもつながってしまいます。顔の毛穴がしずく型になっている方は、頭皮の硬さからくるたるみかもしれません。

睡眠の質と毛細血管の血流は、お互いに影響を与え合っています。うっとり習慣でどちらもケアすることで、熟睡スイッチがONになることを忘れないようにしましょう。

［ 先が丸く目の粗いブラシを使おう！ ］

1 耳にブラシを置き、右回し左回しをしながらやさしく指圧します。耳の周りも小さな円を描くように押しつけます。反対側も同様に。

2 耳の上のこめかみから小さな円を描くように押しつけ、頭頂部、反対側のこめかみまで少しずつブラシをずらしていきます。

3 おでこの生え際から頭頂部を通り、首まで左右に動かしながら、移動させます。首までいったら、最初の生え際から少し横にずらしてブラシをセット。同じ動作を繰り返します。

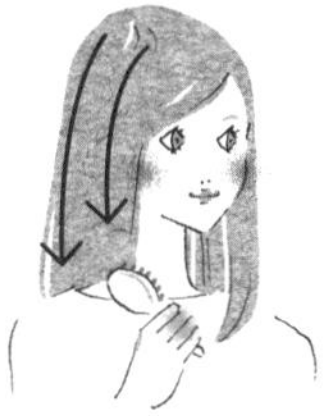

4 頭頂部から首までランダムに頭皮をゆっくりと刺激します。

5 再度、耳や耳の周りをマッサージして、耳から鎖骨、そして肩までやさしく下ろします。反対側も同様に。

細胞レベルでキレイになる

美人をつくる熟睡スイッチ

CHAPTER 5

もっと美人になる お昼ルーティン

CHAPTER 1～4までひとつずつ実践してきた方は、朝いつもより寝覚めのよさに気づいたはず。でもよい睡眠を得るには、日中の過ごし方がとっても大切。夜の眠りをさらによくするために、日中の過ごし方をよりよいものにしていきましょう！

朝の二度寝より、昼寝で美人になる

このタイプは要CHECK

時差ボケ子

眠りの浅子

寝すぎ子&寝なすぎ子

ストレスフル子

二度寝から無理やり起きるのは深夜2時に起こされているようなものです。CHAPTER1でご紹介した通り、スヌーズ機能でアラームが鳴って目覚めるという行為を繰り返すと、自律神経のバランスが崩れてしまい、深部体温の上昇も阻害されてしまいます。睡眠慣性（眠気）も働くため、脳と身体の覚醒への切り替えがスムーズに進まず、ぼーっとした寝起きの悪い状態が続き、日中の活動力も低下してしまうのです。

二度寝をしてしまうのは、単純に最適な睡眠時間を得られていないから。そうはいっても、突発的な仕事や用事で睡眠時間が短くなってしまうこともありますよね。そんな時は、二度寝ではなく、昼寝を活用しましょう。

こんな研究があります。非常に疲れるコンピュータ課題を午後1~2時の1時間行ったあと、20分間の休憩または16分間のお昼寝をとり、さらに1時間の作業を実施。この時、どちらが眠気や疲労を抑えることができるかというものです。

結果は16分間お昼寝したグループのほうが眠気、疲労を抑えることができました。も

熟睡POINT

昼寝は昼食後〜15時まで。15分〜20分間！
アラームは必ずセット!!

[理想のお昼寝姿勢]

ちろん休憩をしたグループも一時的に眠気や疲労が低下しましたが、作業開始後は再び上昇してしまいました。**お昼寝には、疲労回復や作業意欲が向上する作用がある**のです。

お昼寝は、昼食後～15時までと覚えておきましょう。夕方～夜の短時間仮眠は、体内時計が後ろにずれてしまったり、深夜まで覚醒状態が維持されて夜更かしを助長してしまいます。

そして、**お昼寝時間は15～20分以内、55歳以上は30分。必ずアラームをセットするようにしましょう。**

昼寝で疲労回復したいなら、睡眠段階2が出現するまで寝ることが大切です。睡眠段階2が3分出現した時点で、眠気の低減、作業の覚醒レベル&作業成績の向上につながることがわかっています。

通常、睡眠段階2は、睡眠段階1が4～6分出現したあとに現れます。5分のお昼寝時間では、睡眠段階2がほとんど出現しないのです。

とはいえ、これには個人差があり、夜の眠りが浅い方や睡眠時間が短い方は、15分ももたないうちに睡眠段階3～4が出現することも。そのため、何回か仮眠をしてみて、眠気を強く感じるようなら、お昼寝時間を10分に縮めるなど工夫をする必要があります。

朝ストレッチで寝覚めすっきり！

カーテンを開けて太陽の光を取り入れたら、シャキッと目覚めるために身体を動かしていきます。

たとえよい眠りを得ていたとしても、朝には「睡眠慣性」という眠気が存在します。

通常、数秒〜数分でなくなりますが、少しの眠気が残っていたとしても、身体を動かして筋肉や関節に「さぁ、今から目覚めるんだよ！」という信号を送っていきましょう。これをすることで熟睡スイッチはＯＦＦに切り替わり、体温や血圧が徐々に上がって寝覚めがとてもよくなります。

もしも、何分経っても眠気がとれないのなら、眠りが浅い、もしくは寝起きに最適な睡眠脳波の時に起床できていないのかもしれません。過去のＣＨＡＰＴＥＲをおさらいして、よい眠りと最適な睡眠時間を確保しましょう。その上で、この朝ストレッチを行ってくださいね。

このタイプは要CHECK

時差ボケ子
眠りの浅子
寝すぎ子&寝なすぎ子
ストレスフル子

[寝起きを爽快にする朝ストレッチ]

ウナギのストレッチ

上下に全身のびをする。両手を組んで、足先もピンとのばす。

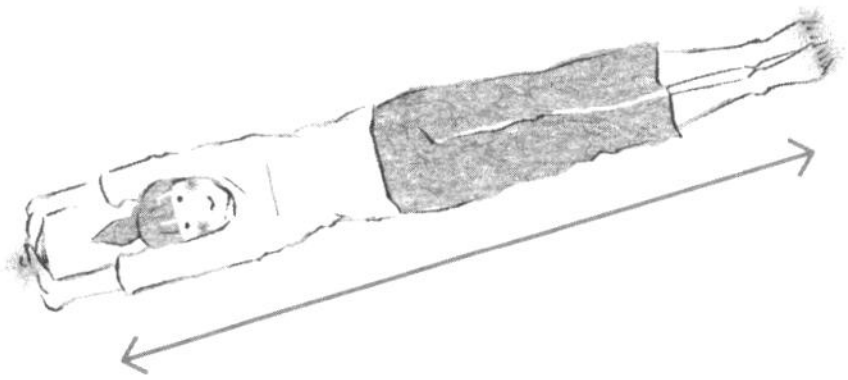

▶硬直した身体の柔軟性UP
▶ウナギが泳いでいる様子
10秒キープ後脱力。1〜3セット

ラッコのストレッチ

膝を曲げて胸に近づけ、両手で脚を抱え込む。ゆっくり左右にゴロンゴロンと振って、背中や腰の筋肉をのばす。

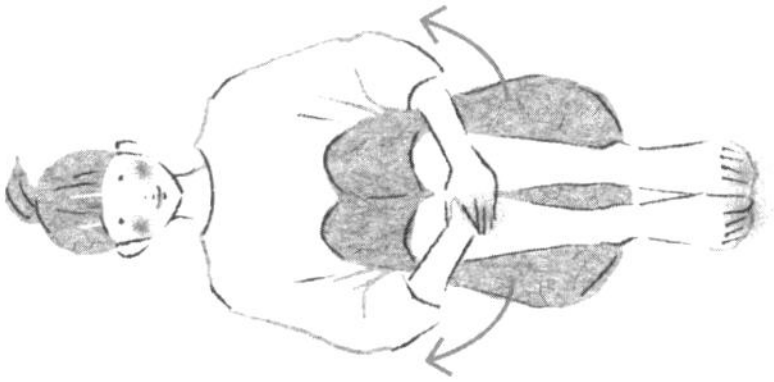

▶腰痛予防に背部筋ケア
▶ラッコが丸まっている様子
左右5〜7セット

フラミンゴのストレッチ

右膝を曲げて左脚側に倒し、左脚は下にのばす。左手で右膝を持ち、右手は右側に伸ばして、ウエスト回りをのばす。

▶腹腰回りのストレッチ
▶脚を曲げているフラミンゴのように
左右10〜30秒ずつキープ

カメのストレッチ

両手両足を天井方向に持ち上げ、ゆらゆらとゆする。ウエストや腰回りもゆする。

▶リンパの流れ促進で日中のむくみ予防
▶ひっくり返ったカメをイメージ
10〜20秒

「月曜日がつらい」を解決する

朝、本来なら体温が上昇中のためパッと目覚められるのに、休日に遅寝遅起き型となった場合、朝体温が低い状態のため、寝起きが最悪に。休み明けに元の生活に戻す行動は、日本にいながら海外から帰ってきたような時差ボケを生じさせてしまいます！

このタイプは要CHECK

私が営業の仕事をしていた頃、1週間の中でもっともつらかったのは、月曜日でした。「また、怒涛の1週間が始まる……」という気持ちもそうでしたが、それよりも大きな原因だったのは、体内時計のリズムが乱れてしまっていたこと。土曜日と日曜日の夜更かしで体内時計のリズムが後ろにずれ、それを月曜日に戻そうとする習慣は、体調不良を生じやすくするリスクがあります。「なんだかだるい」という身体の反応だけならまだしも、心にも影響が出てくるのです。

けれども月曜日の朝の寝覚めに「あぁーよく寝た！ 爽快!!」と思えたら、どうでしょう？「ちょっと気分は重いけど、身体が楽だし、さて今週も頑張るか！」と思えることでしょう。でも、朝の爽快な寝覚めは、「日曜日の夜に早く寝たら得られる」という単純なものでもありません。

私たちの身体には、睡眠覚醒リズムや体温リズムなど複数の体内時計が存在しています。

[睡眠リズムはすぐに崩れる！]

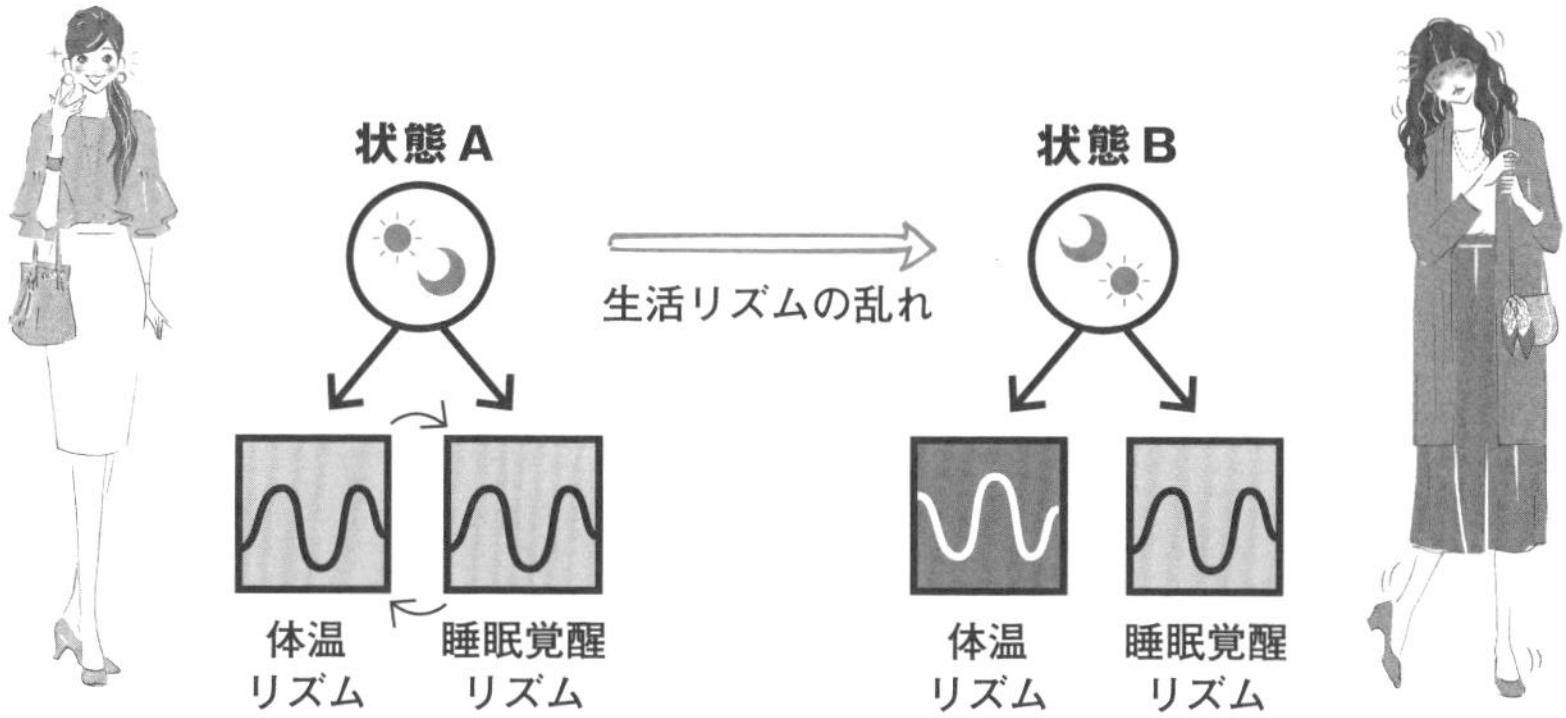

例えば平日規則正しく生活すると、睡眠覚醒リズムと体温リズムは上図のAのように太陽の光に同調します。そして休日は太陽が高く上がった後もベッドで眠り、深夜をすぎても明るい光の下で活動する、遅寝遅起き型に移行したとします。

実は体温リズムはこの時、すでに変化した睡眠覚醒リズムに合わせてゆっくりと変化していきます。これは睡眠覚醒リズムよりも変化速度が遅いためです。

ところが休み明けは、いつもの時刻に起きなければならないため、起床・就寝時刻を急に元に戻さなければなりません。とりあえずはなんとか起きることができたとしても、体温リズムは先述の通り、すぐには変化できません。

その結果、Bのように、**体温リズムと睡眠覚醒リズムの周期が異なってしまうのです。そして、この状態の時に人は不調を訴えるようになるのです。対策の基本は平日と同じサイクルで生活することですが、起床時刻の差を最低2時間以内にとどめましょう。**

長期休みはキャンプへ行こう！

週末の2日だけなら、体内リズムの乱れも、それほど深刻ではないかもしれません。けれども、3日以上ある長期休みともなると、そうも言ってはいられません。GWや9月の大型連休、そして年末年始は、かなり体内時計が後ろにずれていることが多いからこそ、休み明けのだるさを訴える人が多いのです。

もっともよい対策は、平日の起床就寝時刻と大きく変えない生活を送ること。これこそが、シンプルかつ効果的な方法です。また、消化器系にも体内時計が存在していることがわかっているため、いつもと同じ時間帯に食事を摂ることも大切です。

夏場の1週間のキャンプ生活で、乱れていた体内時計の時刻が平均2時間以上早まったという調査結果もあります。浴びる機会が少ない朝の光を多く浴び、つい浴びてしまいがちな夜の光を抑えることで、後ろへずれがちな体内時計が前へ戻ったのです。バカンスの最高の過ごし方は、キャンプなのかもしれませんね。

このタイプは要CHECK

- 時差ボケ子
- 眠りの浅子
- 寝すぎ子&寝なすぎ子
- ストレスフル子
- 無茶しすぎ子
- まだマシ子

[長期休みこそ、うっとり美容を]

長期休み中に、ぜひ守っていただきたいルールをご紹介します。
できそうなことは○、頑張ればできるものに△、
絶対できないものに×をつけましょう。

日中の過ごし方

- □ 平日とほぼ同じ時間帯に起床就寝。遅くとも誤差2時間以内にとどめること
- □ 起床後はカーテンを開けて、太陽の光を浴びること
- □ 昼間、特に午前中に太陽の光をしっかり浴びること
- □ 平日と同じ時刻に食事を摂ること
- □ 日中夕方くらいまでに歩いたり運動をすること
- □ お昼寝するなら、15時までに15〜20分。15時以降は一切しないこと

夜の過ごし方

- □ 夕飯以降は、カフェイン含有のコーヒーやお茶は控えること
- □ 夜は、コンビニなど明るいところには外出しないこと
- □ 就寝1時間前以降は、テレビや携帯などの電子機器は利用しないこと
- □ 40℃以下のお風呂にゆっくりつかること
- □ 入浴後は間接照明だけにするなど、部屋の明かりを落とすこと
- □ 寝床で悩み事を思い出してしまったら、ノートに「明日○○について考える」などと書き込むなどして、リラックスしてからお休みすること
- □ 午前0時までには就寝すること

△がついたものから着手し、
少しずつ○が増えるような生活習慣に変えていきましょう。

快眠とダイエットのための夕方エクサ

このタイプは要CHECK

時差ボケ子

眠りの浅子

寝すぎ子＆寝なすぎ子

ストレスフル子

私はＴＨＥ文化系女子で基本的に運動は苦手。「走るなんてとんでもない、息が切れるから無理……」という人でした。以前までは。ですが、今では歯磨きをするようにスクワットをし、時間ができたら近くの公園まで走ることなんて日常茶飯事。サロンでも有酸素運動と無酸素運動、様々な運動をお教えしています。生徒さんの通う目的がボディメイクではなく、睡眠や生理不順、自律神経失調症であったとしても、必ずです。

なぜ、運動嫌いの私が日常的に運動をして、指導までしているか。それは、イキイキと美しく生きる上で必要不可欠だからです。

運動をしていれば、自律神経のバランスが整って不調が改善される。

運動をしていれば、全身血流がよくなるため冷え性やむくみ、肌荒れが緩和される。

運動をしていれば、免疫力が高まって風邪をひかない丈夫な身体になる。

運動をしていれば、脳機能に好影響が及び、うつや心理的ストレスの予防になる。

運動をしていれば、女性らしいボディラインを得てキープすることができる。

熟睡 POINT

夕方に運動をすることで、メラトニンの体内時計のリズムが正常になるため、朝の寝起きが悪い方はよい寝覚めを得ることが可能になります。

もちろん、**熟睡スイッチのメンテナンスにも、運動は大変有効に働きます。**

例えば、睡眠課題がある方が運動を行うと、寝つくまでの時間の短縮、睡眠持続時間の延長、睡眠段階3〜4の出現量の増加、レム睡眠の抑制などがもたらされます。**運動の習慣があれば、よい眠りが得られる。逆によい眠りを得ていれば、運動へのやる気が芽生えて運動の習慣化につながる——この相乗効果で、睡眠と運動両方の恩恵をダイレクトに得ることができます。**そして、美人になるにはこの両方が必要です。

けれども実情は、運動習慣がある方は大変少ないです。厚生労働省の国民健康栄養調査によれば、1回30分以上の運動を週2回以上する人の割合は約3割。週3〜5回以上運動する人が約半数に達するアメリカに比べたら、かなり少ないと言えます。ちなみにサロンに通う前の生徒さんたち（20〜50代女性）の歩数平均は、OLさんで5000歩前後、専業主婦で3000歩前後。運動の習慣がない方は8割でした。

確かに、ただ生きるだけなら運動はいらないかもしれません。でも、この本を手にとっている方は、キレイになりたいし、健康になりたいという意志をお持ちの方だと思います。他人を変えることは難しいけれど、自分は変えることができる。変えたいという思いがあれば、必ず変わることができる。私はそう思います。

いつでもどこでも、ながらエクササイズ

このタイプは要CHECK

自分の時間をなかなかとれないOLさんや育児で忙しい主婦の方でもできる、ながらエクササイズをご紹介します。わざわざ時間を割く必要はありません。むしろいつも3日坊主で終わってしまう方ほど、割かないほうがいいでしょう。はじめは意気込んでいても、何かと理由をつけて人は継続できなくなります。**継続するために大切なのは、普段の行動や場所に運動をリンクさせること。例えば、トイレに行ったらこの運動、玄関から出る時はこの運動、食器洗いをする時はこの運動、といったように、ご自身の習慣に根づかせることがとても大切です。**

単発ではなく継続。目指すは、「歯磨きするレベルで運動をする」。まずは実践し、「自然にいつのまにか運動していたわ」という状況に持っていくのが理想です。自転車のこぎはじめはつらくても、すぐに楽にこげるようになりますよね。習慣化とはそういうことです。はじめはつらくて面倒だけど、続けていけば身体に染みつきます。

[自宅でテレビを見ながらできる「ながらエクササイズ」]

カンガルーの股開きエクサ

頭の下に右手を添え、両脚を揃えて横向きに寝る。身体と脚の角度は45度、膝は90度にキープ。お尻に力を入れながら、左膝を開き、ギリギリまで下ろす。

▶O脚対策に
左右10〜30回ずつ

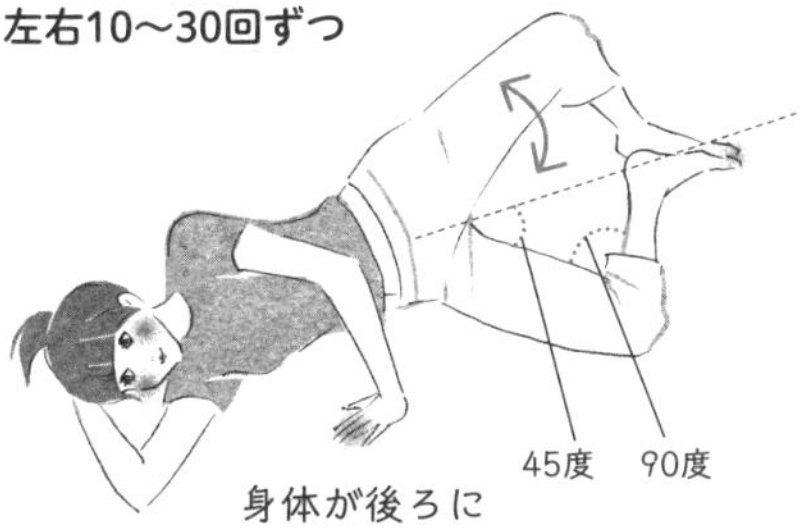

チーターの内ももエクサ

頭の下に右手を添え、横向きに寝る。左膝を曲げて身体の前で足裏を床に下ろし、右脚はのばす。左手は床に置く。右足のつま先を下に向けて上げ下ろし。

▶内ももシェイプに
左右10〜30回ずつ

ブタの脚上げエクサ

肩の下に肘、腰の下に膝がくるように四つ這いになる。右太ももが床と平行になるまで持ち上げ、膝を45度曲げて上げ下ろし。骨盤の右側が上がらないように。

▶お尻全体のヒップアップに
左右30回ずつ

トビウオの脚上げエクサ

仰向けの状態から脚を持ち上げ、脚を絡めて手は床に。体幹に力を入れながら、お尻を床から離して脚を天井方向にのばした後、ゆっくりとお尻を床に下ろす。

▶ウエストシェイプに
つらくなるまでを1〜3セット

［外でできる「ながらエクササイズ」］

肩こりの時

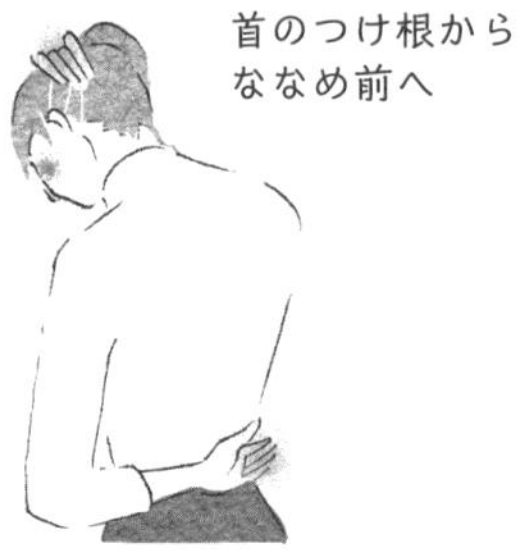

フクロウのストレッチ

頭を軽く下に倒すと、ボコッと出てくる首の背骨。そこから3つ下の背骨を起点にして首を横や斜め前に傾け、手を頭に添えてさらに首回りの筋肉をのばす。

左右、斜め左右10秒キープ

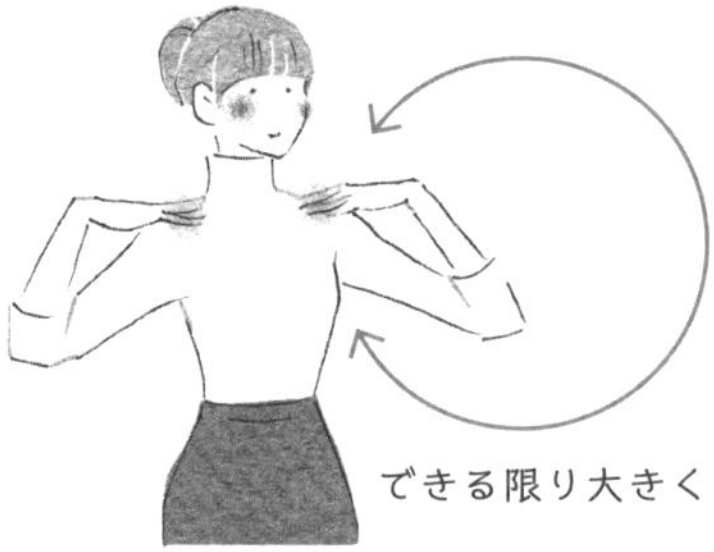

コウモリの肩回しエクサ

両手を鎖骨と肩の間に添え、両腕をできる限り大きく前に回す。その後、後ろにも回す。

前後回し4〜6回ずつ

キツネのしっぽエクサ

胸を張って姿勢を正し、両手を背中の後ろで組む。肩甲骨をしっかり寄せながら、ゆっくりと肩を上げ下げ。

10〜20回

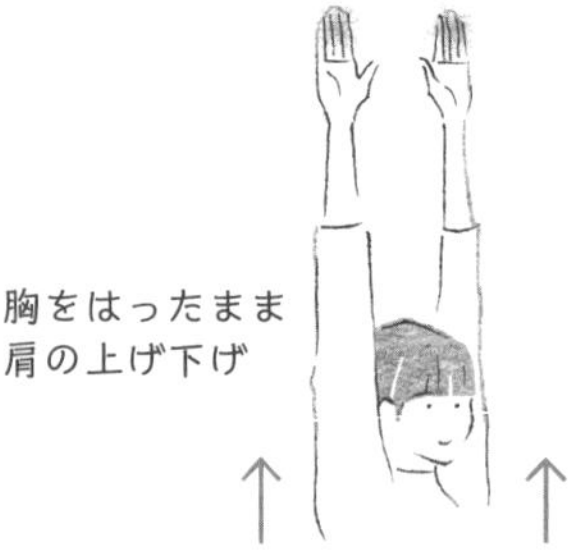

チンパンジーの手上げエクサ

胸を張って姿勢を正し、両手を天井方向にのばす。その状態で肩を上げ下げ。両手は身体より前に倒れないように。

10〜20回

熟睡POINT

肩こりの「ながらエクササイズ」は、とても肩が楽になるので、毎日デスクでやりましょう

電車の中

肘をしめて
上下左右に

ダチョウのバストエクサ

つり革を両手で持ち、肘を曲げて肘同士をくっつける。肘をつけたまま、腕を上下、左右にゆっくり動かす。

▶バストアップに

上下、左右に3秒ずつキープ

コピー機の前、歯磨き中

お尻に力を
入れながら
軽やかに

トリの2ステップエクサ

姿勢を正して立ち、左足のつま先で右後ろの床をタッチ、続けて左後ろにタッチを繰り返す。

▶腰回りのシェイプに

左右10〜30回

仕事中にものを床に落とした時

腕の後ろ側を
意識して

カマキリの腕曲げエクサ

何かを拾う際は椅子に片手を置き、肘の後ろの筋肉を意識しながら肘を曲げて。

▶二の腕シェイプに

トイレに入った時

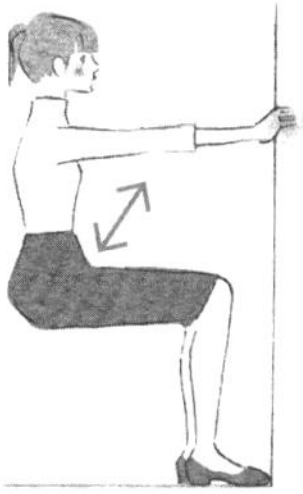
膝は
つま先より
前に出ない
ように
常にお尻に
力を入れて

クマのヒップエクサ

トイレのドアノブなどを持ち、姿勢を正して立つ。お尻に力をしっかり入れ、お尻を斜め後ろに下ろして持ち上げる。

▶ヒップアップに

10〜30回

夜遅くの運動は、やせにくい!?

ダイエットは、運動と食事と言われますが、これからは睡眠も加えたいものです。睡眠不足は、グレリン（食欲亢進《こうしん》）を増加させ、レプチン（食欲抑制）を減少させる、ダイエットの大敵なのです。

そして、**熟睡のためには、運動を午前中ではなく夕方～20時、遅くとも21時頃までに行うのがベスト。**体温や血圧、肺活量、運動能力の活性は夕方前後に最高に、そして休息時間帯に最低となります。成長ホルモンの分泌も、朝より夕方の運動のほうが増大することがわかっています。効率的にいい身体を作っていきたいなら、夕方がいいと言えるのです。早朝から午前中の運動習慣がある方は、心臓血管系の事故を防ぐためにもできる限り避けるか、軽い運動にとどめるかにしてくださいね。可能な方は夕飯前、お仕事で難しい方は、夕飯を食べてから1時間以上経ち、お風呂に入る前に行ってください。この時間帯に活動的に筋肉を動かして体温をさらに上げることで、就寝前にかけて体温がどんどん低下していきます。

このタイプは
要CHECK

時差ボケ子
眠りの浅子
寝すぎ子&
寝なすぎ子
ストレス
フル子

熟睡POINT

筋肉の増強や脂肪燃焼においては、睡眠中の成長ホルモンの分泌が不可欠です。運動はもちろん大切ですが、ダイエットを考えるなら、睡眠は味方につけておいたほうがよいでしょう。

体温の上下変動幅が大きいほうが、睡眠中の中途覚醒の予防や寝つきアップにつながるので、この時間帯の運動は熟睡スイッチのメンテナンスに最適なのです。

20時頃まで、という条件にはもちろん理由があります。夜間〜深夜の運動は、1〜2時間も体内時計が後ろにずれるため、寝つきや寝起きが悪くなってしまうという研究報告があるのです。この研究では、光や食事などの影響はないように考慮されていますが、実際の生活では、トレーニングジムの明るい光や夜食などの要因が加わって、体内時計がさらに後ろにずれるでしょう。交感神経活動の刺激が就寝時刻まで続いていれば、さらに寝つきが悪くなったり、途中で起きてしまったりと睡眠の質が低下し、量も減る可能性があります。

せっかく脂肪燃焼、筋肉増強のために運動をしても、睡眠に影響があればその効果は台なし。体調不良の原因にもなりかねないのです。

運動は適度な強度にとどめることも大切です。運動習慣のない方の急な運動や、習慣がある方でも過度な運動は、その晩の睡眠に悪影響を及ぼしがち。運動強度は、運動をしていて人と会話ができるほどにしましょう。時間は20〜60分、週3〜5回が目安です。

休日のブランチは不美女の始まり!?

このタイプは要CHECK

太陽が昇ったら起床して、太陽が沈んだら就寝するという「起床就寝の体内時計」以外にも、私たちの身体には様々な体内時計があり、お腹が空いてごはんを食べるといった、消化活動についても「肝臓や小腸の体内時計」が存在しています。この**消化器系の体内時計を乱す大きな要因は、休日のブランチ。ブランチだなんてなんだかオシャレですが、実は休み明けのプチ不調を引き起こす元凶なのです。**

例えば長期休み中、AM10時頃まで眠り、AM11時頃に朝昼兼用の食事を摂っていたとしましょう。そして休み明けは出勤のためAM6時に起き、6時半頃が朝食時間。

さて、この時、お腹は空いているでしょうか？ おそらくお腹は空いていないでしょう。だからといって**朝食を摂らないと、便秘気味になることも考えられます。そもそも時差ボケ状態で寝起きも悪いため、だるさや疲れを感じることも多いでしょう。**

私たちは何かを食べる前に、唾液や胃液など消化を促す消化液を分泌します。食べる前から、食べる準備をしているということなのです。お腹が空くのもそれと同じです。けれども長期休みに朝食時刻がかなり後ろにずれる生活が定着していると、いつもの朝食時間に食欲はなく、無理やりごはんを口に運んでも、うまく消化できずに消化不良になってしまいかねません。

先述しましたが、体内時計には前にずれるよりも後ろにずれやすい性質があります。個人差はあるものの、体内時計は24時間よりも長い周期リズムだということのほか、平日の慢性的な睡眠不足もあるでしょう。休日の遅寝遅起きやブランチは難なく、というよりもむしろ簡単に適応できるのです。反対に、お休み後の体内時計を前にずらす行動は、ヨーロッパ旅行から帰国したばかりのように、なかなか日本時間に合わせることができません。結果として体調不良、ひいては不美女へとつながってしまうのです。

ということで、**たとえ休みの日であっても、食事の時刻は平日とせめて2時間以上ずれないようにしましょう。普段の食事も、基本的に3食同じ時刻に食べることが消化活動を正常にするためには理想的です。**

忙しい女子のための残業ごはんは食前のガムがポイント

このタイプは要CHECK

時差ボケ子
眠りの浅子
寝すぎ子&寝なすぎ子
ストレスフル子
無茶しすぎ子
まだマシ子

CHAPTER1でもご紹介しましたが、**睡眠と消化活動のために夕食の最適時刻は19時前。遅くとも20時までには食べ終わるようにしましょう。**

食べものはほとんど2～3時間で消化されますが、複数のものを摂取すると消化にはさらに時間がかかります。そのため、食事は就寝3時間前と言わず、4～5時間前には終わらせておきたいところです。

そうはいっても、仕事が遅くなることもあるでしょう。

「今日は仕事終わりが遅くなるな」と思った日は、18～19時頃に職場を抜け出して外食してしまいましょう。無理なら、肉や魚、大豆などのたんぱく質の具が入っているおにぎりをつまみ、仕事後の食事は摂取量を減らしてください。**分食にすることで、体内時計の大きなズレを防ぐことができます。**ただし軽食の場合、普段よりも噛む回数も食事時間も少ないため、満腹中枢が刺激されずにお腹が満たされないこともあるでしょう。

熟睡POINT

食べものは、果物で１時間以下、野菜で２時間以下、麺類で２時間半、ごはんやパンで３時間以下、焼いた魚などは３時間、揚げものやステーキなどは４時間ほど胃に停滞しています。

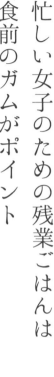

そうならないために、**食事前に5分間、無糖のガムを噛んでみてください。**きっと満足度が違ってくるはずです。

仕事終わりが21時を回るようなら、本来は食べずに過ごすべき。早く帰宅し、お風呂に入ってうっとり習慣を行って、早くお休みください。でもどうしてもお腹が空くようなら、ヨーグルトを食べましょう。それでもお腹が空くようなら、火を通したやわらかいおひたしや、納豆、冷ややっこなどをよく噛んで食べてください。

ちなみに、21時以降も残業が続く方は、そもそも仕事のしすぎではありませんか？ 頑張りすぎていませんか？ 残業が当たり前になっている方は、身体や心にストレス反応が出ていないか確認してください。

女性ホルモンにコントロールされていると言っても過言ではない私たち女性は、体内時計や自律神経が乱れると簡単に月経周期に影響が及ぶため、男性と同じように働くのは考えものです。この状態が普通だと思わないで、どうやったら今の生活から抜け出すことができるかを考えてみてもよいかもしれません。

睡眠の質を高める、理想の食生活

このタイプは
要CHECK

時差ボケ子
眠りの浅子
寝すぎ子＆
寝なすぎ子
ストレス
フル子

食事は三食、良質なたんぱく質（肉・魚・卵・大豆）、野菜、ごはん、乳製品や果物（果物は朝食に食べることを推奨）を色合いよく、調味料や調理方法が重ならないよう工夫しながらバランスよく食べるようにしましょう。特に野菜不足の方が多いので、一日350gを目指して、偏らず様々な野菜を摂取してください。

特に夕飯は、朝食や昼食に比べて消化吸収のいい食事を心がけたいところ。消化に時間がかかる油の多い料理、胃液の分泌を余計に高める辛いものや味つけの濃いものは控えめにしましょう。便は夜、つくられます。発酵食品のお漬物やお味噌汁はぜひ摂取するようにしましょう。

また、パンやスイーツなど糖質の大量摂取は、血糖値が高くなりやすく、成長ホルモンの分泌を阻害するインスリンが多く分泌するので控えめに。頻繁に食べている人は、砂糖などの糖の過剰に摂りすぎてしまい、その代謝に必要なビタミンB群が摂取するたびに使われている状態です。栄養をエネルギーに変えてくれるビタミンB群が不足すると身体の熱を生み出せず、いつもだるい状態になるため、夜の食後のデザートは基本的に控えるようにしてください。

夕食の量が少なすぎると空腹で入眠困難になりますが、食べすぎもＮＧ。腹七〜八分目を目安に、よく噛んで食べるようにしましょう。

さらに、自律神経の安定を促すビタミンＢ12や、疲労回復や鎮静作用のある硫化アリル、細胞分裂に必要な亜鉛、神経を落ちつかせるマグネシウムなどが含まれる食品も積極的に摂りたいところ。例えば、左のような献立はいかがでしょう？

［ 理想的な食生活 ］

たんぱく質

動物性食品と植物性食品を合わせ、必須脂肪酸をバランスよく摂取。

野菜

様々な葉、根野菜にエゴマ油、しそ油、亜麻仁油をプラス。

炭水化物

玄米や胚芽米、発芽玄米、麦、黒米、キヌアなど。

GOOD献立！

キャベツには亜麻仁油をかけて

豚肉と玉ねぎの生姜焼き

もずくとタコの酢のもの

インゲンとニンジンの胡麻和え

豆腐と三つ葉の味噌汁

玄米ごはん

うっとりフードで美しい細胞に生まれ変わる

美に磨きをかけるために積極的に摂取したい栄養素は、**細胞分裂に必要な亜鉛、細胞膜生成に必要なオメガ3（αリノレン酸、EPA、DHA）です。**特にオメガ3は、細胞を形作る上で重要な物質です。また、**アミノ酸の一種「アルギニン」には、成長ホルモンの分泌を促す作用があると言われています。**アルギニンを多く含む食品は肉類と大豆類に多く、鶏肉、豚肉、牛肉、大豆、落花生、きな粉、高野豆腐、湯葉、鰹節……と、京料理でおなじみの食材もちらほら。成長ホルモンの分泌を促すなら、「京都においでやす」かもしれません。

いずれにしても、大切なのはバランスです。アルギニンだけを大量に摂取しても、すべてを吸収することはできません。そのため、サプリメントでアルギニンを多く摂ろうなどとは考えず、いろいろな食材を食べるようにしてください。

特に、たんぱく質を必要量食べていない方が多いので注意が必要です。朝食などで時間がないからといってたんぱく質を抜いたり、お昼ごはんにサラダのみのプレートを食

このタイプは要CHECK

時差ボケ子

眠りの浅子

寝すぎ子＆寝なすぎ子

ストレスフル子

べたりという方に限って、白米は食べないのにスイーツ類はやめられない……という偏った食生活を送りがち。該当する方はご注意くださいね。

さらに、**よく噛むことは消化はもちろん、熟睡スイッチのメンテナンスにとっても、とてもいいことです。**

体内時計を整えるメラトニンは夜分泌されますが、その原料はセロトニンです。血中のセロトニン濃度は、昼間に高く、夜間に低い状態となっていますが、昼間、セロトニン神経活動を増強させるのは、歩行、咀嚼、呼吸などのリズム運動です。例えば、ガムの咀嚼の研究では、ガムを20分間しっかり噛み続けるとセロトニン濃度が増加。心理テストでは、緊張や憂鬱といった気分が改善したことがわかっています。

そのため、昼間は外界の光を浴び、リズミカルに運動をしたり、ガムを噛んで一定のリズムを刻むことにより、セロトニンの分泌を促すことができます。結果、夜の眠りをぐっとよくすることができるのです。

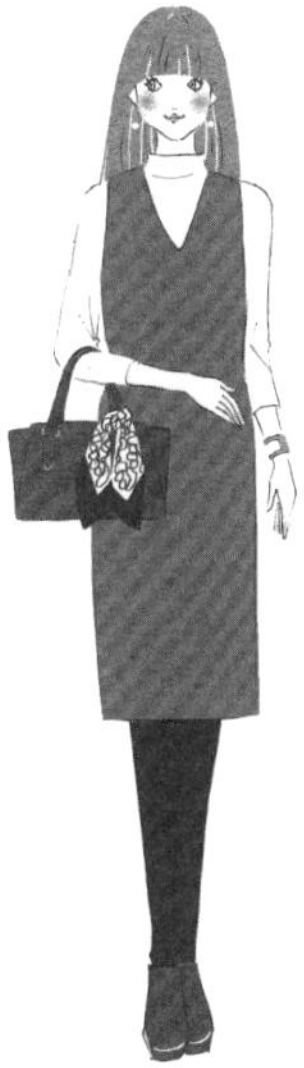

症状別、もっと押したい10のツボ

よく寝て、バランスよく食べて、適度に運動……なのに、まだまだ身体の課題が山積みという方は、不調とは無縁の身体になるための＋αとして、ツボ押しを行ってみませんか？

ツボは神経の集中する交差点にあり、ツボ押しは交通整理のようなもの。神経が正しく機能していれば身体の情報は脳にしっかり伝達されます。

ツボは骨の近くを通っていることが多いので、骨をたどってツボを探すようにしましょう。骨のキワに指を押し込んでみて、痛気持ちいい感覚がある角度が正しい角度です。

ツボ押しはゆったりと呼吸を繰り返しながら行います。口から細く長く息を吐く時に、リラックスしながらツボを押していきます。ゆっくり5秒キープしたのち、ゆっくりと力を抜きます。5セット繰り返しましょう。

[症状に応じてツボを押しましょう]

症状① 眠れない・足のむくみ・足のだるさ

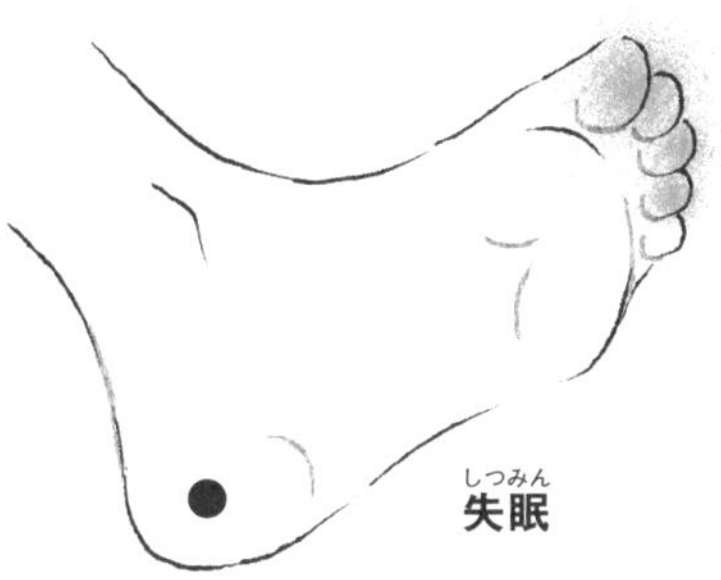

かかとの真ん中が失眠のツボです。かかとの中心で丸く膨らんでいる部分に親指を置き、垂直に力を加えます。

血行をよくしてリラックスできるため、不眠や足底の痛み、足のむくみにおすすめです。また、就寝中に適度に寝返りを打つことが全身むくみ解消につながります。よく眠れる寝具選びも同時に行う必要があります。

症状② 末端冷え性・落ち着かない・自律神経の乱れ

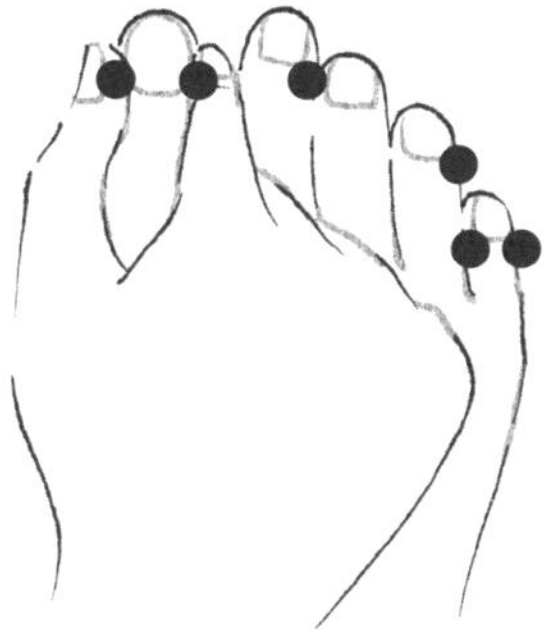

左右の足指の爪の付け根の両側にあるのが、井穴のツボです。正確にはイラストのように、すべての両サイドにツボがあるわけではありませんが、親指から順番に爪のキワをつまむように指圧していきます。

神経の流れを促す神経伝達物質が放出し、血行がよくなるため、冷え性の方におすすめです。
特に冬場は寝室が寒いと手足など末端から冷えやすくなり、入眠を妨げてしまいます。寝室の暖房加湿、寝る直前まで靴下を履くなどの工夫をしましょう。

症状③　冷え性・眠れない・月経トラブル・めまい

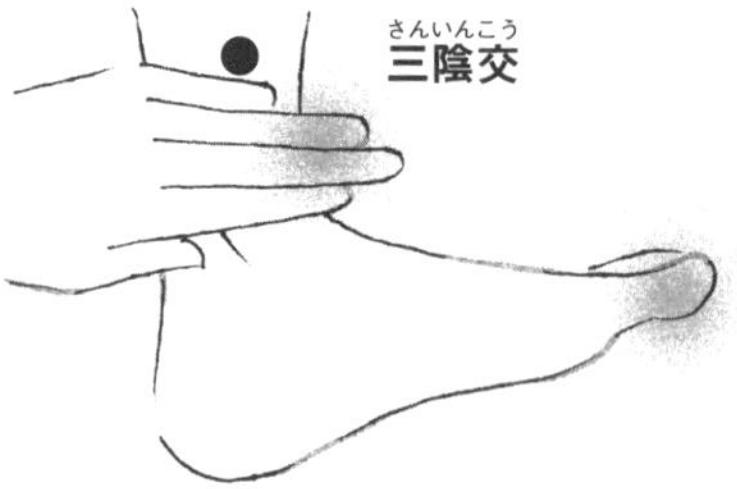

内くるぶしの上に人差し指の端をあて、上方向に指幅４本分上にあるのが三陰交のツボです。骨のキワに親指をあてて骨の内側に指を入れるようにして指圧します。

下半身の血行不良やむくみが気になる方にもおすすめです。めまいを起こしやすい方は、そもそも自律神経が乱れている可能性あり。夜は副交感神経が優位になるよう、電子機器はオフ、照明は薄暗くして、温かいハーブティを飲んだり、心地よい音楽を聴いたり、「うっとり」を心がけてくださいね。

症状④　月経トラブル・膝の痛み・むくみ

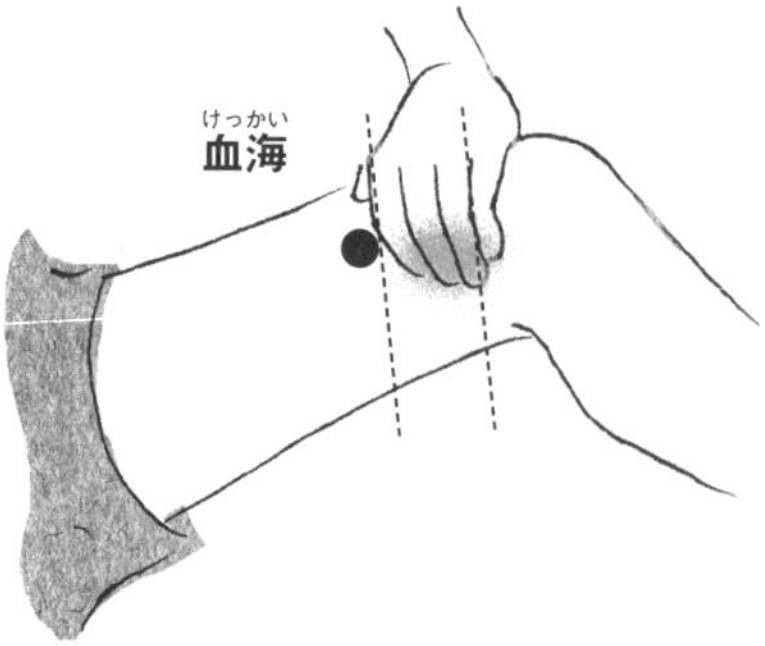

膝のお皿の内側にある出っぱりの上部から、指幅3本分上にあるのが血海というツボです。膝をつかむように親指をツボに添え、骨のキワを押しましょう。

血海は婦人科系疾患の名穴と言われるツボで、子宮や卵巣の血液循環をよくしてくれるため月経関係の不調のある方におすすめです。ただし、睡眠不足や食生活の乱れ、運動不足、ストレスの蓄積など、生活習慣全体が関わっていることが多いため、同時にケアしましょう。

症状⑤　腰や背中の疲れ・お尻と太ももの境目がない

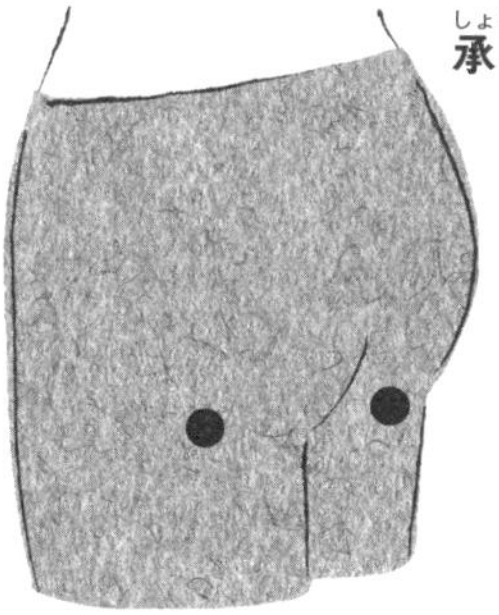

左右のお尻の山の中心から下ろした線とお尻の下の横ジワが交わる部分にある承扶というツボです。中指の腹をツボにあて、お尻を持ち上げるように押しましょう。

リンパの滞りが解消されると、老廃物や水分代謝がよくなります。お尻と太ももの境目がない方にもおすすめですが、よく歩いたり、運動の習慣を持つことも視野に入れましょう。

症状⑥　腰の痛み、むくみ、ヒップの下垂

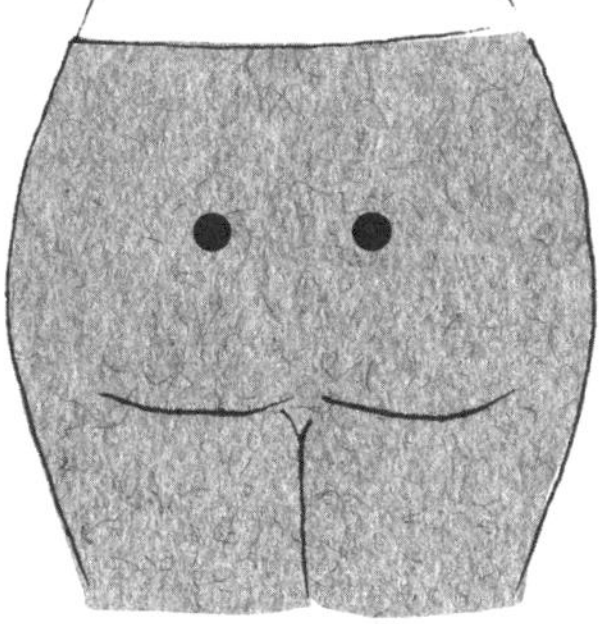

お尻の割れ目あたりから、指幅4本分横にあるのが秩辺です。親指の腹をツボに合わせてお尻の中心に向かって押しましょう。

腰回りのだるさや痛みがある時におすすめです。また、大殿筋に働きかけるため、ヒップアップにも。その場合は、ヒップの筋トレやリンパマッサージ等も同時に行いましょう。

症状⑦　軽い腰痛、むくみ、生理不調、腎機能低下

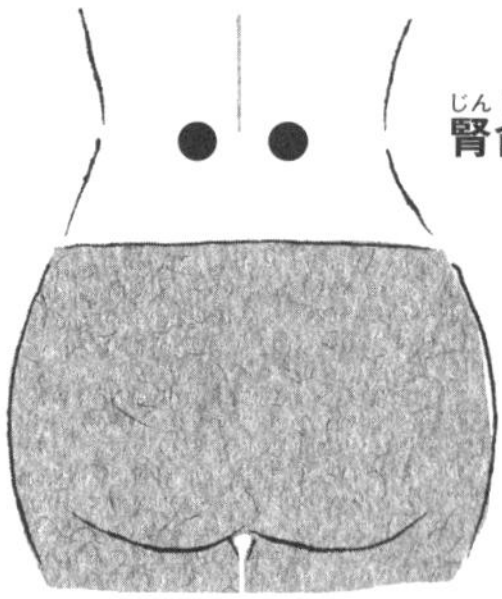

だいたいウエストの一番細いところにある背骨の中心から左右に指幅２本分離れたところにあるのが腎兪です。親指の腹をツボにあて、身体の中心に向かって押しましょう。

軽い腰痛がある場合や、婦人科系の疾患にお困りの方におすすめのツボです。座っている時や湯船につかりながら押しましょう。

症状⑧　胃腸の不調、だるさ、自律神経の乱れ

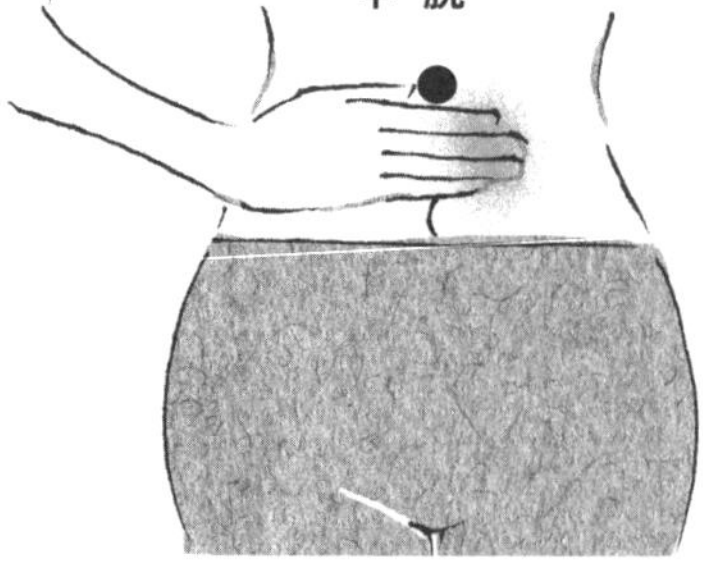

へその中央上に小指をあて、真上に指幅４本分上がったところにあるのが中脘。中指の腹をツボにあて、身体の中心に向けてやさしく押しましょう。

力が抜けているほうが押しやすいので、湯船の中で腹部を脱力している時や入浴後のベッドルームで行ってみてください。飲み会が続いた日などに行ってみましょう。脂肪燃焼機能も高めるツボなので、ダイエット中の方にはおすすめのツボです。

症状⑨　精神的疲労、不安、埋もれ鎖骨

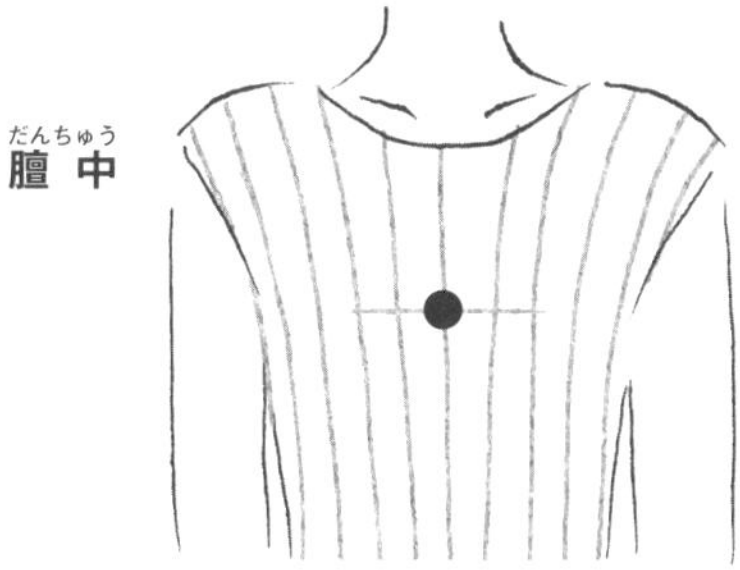

左右の乳頭を結んだ線の真ん中あたりにあるのが膻中というツボ。人差し指をツボにあて、身体の中心に向かって、やさしくじんわり押しましょう。

「なんだか疲れたな」という日におすすめです。鎖骨がくっきり見えない方は、姿勢が悪いことも要因です。仕事中の姿勢や歩き姿勢に気をつけて過ごすことが大切です。

症状⑩　自律神経乱れ、顔のむくみ

両耳の下で、下あごの骨の角の後ろにあるのが天容。顔を横に向けた時、首筋に走る太い胸鎖乳突筋の前側キワにあります。中指を前に押し込むように押しましょう。

小顔のツボとして毎日押したいツボです。神経を鎮静化させてくれるので、バタバタしている仕事中におすすめです。

「考える」ことで悩みがちな自分から卒業する！

このタイプは要CHECK
- 時差ボケ子
- 眠りの浅子
- 寝すぎ子&寝なすぎ子
- ストレスフル子
- まだマシ子

心に課題のある方は、寝つきが悪いことが多くあります。62ページでご紹介した、寝る前の憂鬱感の対処法はあくまで一時的。**もし、夜だけでなく、昼間にもイライラやモヤモヤを感じている場合は、少しずつその対処をしていきましょう。**

まずは、「悩む」から「考える」にシフトしましょう。悩みが多い方は、課題を悩みのまま放置していることがよくあります。悩みというのは、頭の中がぐるぐる巡ってゴールが見えない状態。課題が「悩み」である限り、現状はよくなりません。「悩み」ではなく、どうやったら解決するのか、どうやったらゴールに近づくのかを「具体的に考える」ことがとても大切です。例えば、生理が止まったまま何か月もきていないとします。これは大変大きな問題です。けれども仕事量は増える一方。

こんな時、あなたならどうしますか？　生理がこないことに悩みますか？　「なぜ私はこんなにつらい思いをしなければならないのか」と悩みますか？　毎日何時間も残業が続く場合、何もしなかったら会社は解決してくれるでしょうか。いいえ、自分の身体

熟睡 POINT

睡眠不足だと脳機能が低下するため、論理的な思考や、状況の変化への柔軟な対応ができなくなります。その結果、ミスやトラブルが起こってイライラしてしまうという悪循環に陥るのです。

は自分で守るしかありません。

あなたは、もう大人。考える力があります。**思い悩むのは卒業し、具体的に今の状態から抜け出すために、どうしたらよいのか、考えてみてください。**上司に今の身体の状態を話して、残業をなくしてもらうとか、それが受け入れてもらえなければ病院で診断書を用意してもらうとか、仕事というストレスの元であるストレッサーをどうやって小さくしたらよいのか、その**対策をたくさん箇条書きで書いてみてください。**

プロジェクトメンバーはあなた。今、目の前にある課題をどうやったら乗り越えられるかを、会社のメンバーで意見を出し合うように、自分自身で考えてみてください。**失敗したら、他の手を考えたらいいのです。できる限り多く書き出してみましょう。**

「考える」という言葉はとてもありふれていますが、本当に自分自身を幸せにするために、具体的に考えられている方は大変少ないように感じます。

ちなみに、私の生徒さんに、悩みはあるか尋ねても、「悩みはない、でも考えていることはあります」とニコニコして答えます。悩みのままでは、ゴールがあるのかどうかも検討もつきません。ですが、それをきちんと紙に書き出して「考える」作業を行うことで、悩みをなくすことはできるのです。考える習慣ができたら、ゴールはすぐそこ。歩き出しましょう。

ストレスの賢い対処法は、うっとり習慣のスペシャリテ

このタイプは要CHECK

時差ボケ子
眠りの浅子
寝すぎ子&寝なすぎ子
ストレスフル子
まだマシ子

熟睡POINT

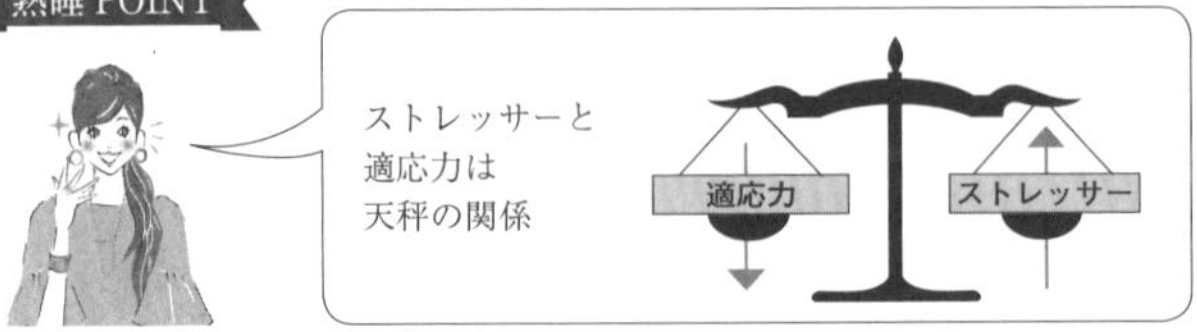

「考える」決意を持てたら、あとは簡単です。

まず、上のイラストをご覧ください。「ストレッサー」と「適応力」という天秤があります。**ストレッサーとはストレスの元、適応力はあなたのキャパシティのことです。**

例えばストレッサーが軽く、適応力が重ければ、天秤は左に傾きます。ストレスの元が小さい上、自分の適応力がしっかりしているため受け入れることができます。しかし、自分のキャパシティが小さく、ストレッサーが重い状態だったら、どうでしょう。天秤は右側に傾き、強いストレス状態を感じるはずです。

つまり、**解決の簡単な方法は、①ストレッサーを軽くする方法と、②適応力を重くする方法を「考える」ということ。**これがゴールへの近道ということです。

「ストレッサーを軽くする方法」は、先述の通り、話し合いや交渉をする必要があります。不得意だなんて言っている暇はありません。あなたの身体はあなたしか守れません。

それでもストレッサーを軽くすることができなかった場合は、休職や転勤、別居など、

［ 書き込んでみましょう ］

	毎日のうっとり習慣	うっとり習慣のスペシャリテ
1		
2		
3		

ストレッサーから離れたりなくしたりするという方法もあります。これは逃げではなく、適切な回避行動です。自分を守るためには、ある程度自己中心的に考える必要もあります。

次に、②の「適応力を重くする」方法を考えてみましょう。この**適応力アップの代表例こそ、「うっとり美容」です。**つらい感情を抱いた時は、血管が収縮し、酸素状態が悪く、身体はぎゅっと小さく、つまり交感神経が優位になっている状態。その状態をまずは解放してあげて、よい眠りを得て、体内時計を整えてください。CHAPTER1&2をおさらいして、毎日確実に行っていきましょう。

でも、普段よりもストレスを感じた日は、いつもとは違うスペシャルなうっとり方法を取り入れる必要があります。例えば、毎日ボディクリームを塗っているなら、いつもよりちょっぴり高い、とってもよい香りのするボディクリームを使用してみたり、誕生日にもらったけれどももったいなくてなかなか使えなかったキャンドルを灯してみたり。こういった「うっとり習慣のスペシャリテ」を必ず最低3つは用意しましょう。

考え方を変えると熟睡スイッチがＯＮになる

このタイプは要CHECK

ストレスフル子

睡眠や体内時計を整えても、ストレスをうまく解放できたとしても、どうしてもイライラが止まらない方もいることでしょう。イライラという感情は、抑制できるものではありません。けれども、考え方は自分でコントロールできます。その結果、負の感情を減らすことだってできるのです。例えばあなたが上司に会議室に呼び出されて叱られ、「イライラする‼」と、思ったとします。このような感情に行き着いた、考え方をひも解いてみましょう。

あなたの感情

例①「私にだけ叱るなんて、上司は私のことが嫌いなのかもしれない」

例②「私はあまりにもできない社員だと思われている。だから叱られた……」

例③「いつも叱られる。私は何をやってもだめだ……」

この場合は、「上司は私のことが嫌いだ」と「考えた」から、イライラという「感情」

熟睡POINT

もちろん、人によって、考え方や感情は様々です。けれども、あなたの考え方ひとつで、感情はよくも悪くもなるのです。

につながったといえます。この考え方を変えてみましょう。例えば「叱られた」ではなく「指導された」としたらどうでしょう?

あなたの考え方

例①「上司は、私の成長を願って指導してくれているんだ」

例②「みんなの前ではなく、会議室での指導……配慮してくれてありがたい」

例③「私の可能性を見込んで、指導してくれた!」

こう考えると、「私のために時間を割いてくださってありがたい、嬉しい。よし、このまま頑張ろう、意欲が湧いてきた。私はきっと大丈夫。背中を押してくれた」という感情に行き着けるかもしれません。

こういった考え方の修正は、睡眠や運動などといった生活習慣の継続と同じで、継続させていくことがとても大切です。続けていくと、自然にバランスのとれた考え方を選択することができるようになっていくはずです。まずはノートに書き込む習慣を持ち、慣れてきたら、頭の中で考える習慣を持ちましょう。

イライラを減らし、イライラ耐性を身につけることは、熟睡スイッチをＯＮにして美人になるためのパスポートでもあるのです。

うっとり美人は頑張りすぎない

このタイプは要CHECK

時差ボケ子
眠りの浅子
寝すぎ子&寝なすぎ子
ストレスフル子
無茶しすぎ子
まだマシ子

サロンなどで多くの働く女性と接していると、どうも「頑張りすぎる」人が多いように思います。確かに自分が成長するために頑張るのはいいことですが、身体を犠牲にしてまで働く必要があるのでしょうか？

「責任があるから」「私が早く帰宅したら周りの人に迷惑をかけるから」「やる気がないように見えるから」など様々な声が聞こえてきますが、万が一自分の身体を壊した時、誰が自分の身体を守ってくれるのでしょうか？　自分が変わるしかありません。私自身が、そうでした。

本来、副交感神経系が優位になっていなければならない寝る前に、仕事をしていたり、電子機器を利用したり考えごとをしていたり――それがいかに自分にとって楽しくワクワクすることでも、交感神経系が刺激されてしまうことで自律神経バランスは乱れてしまいます。その結果、脳からの伝達がうまくいかず、ホルモン分泌に影響し、身体に様々

な不調が出てしまうのです。

特に女性ホルモンは自律神経の乱れにとても敏感。影響を受けやすいため、ストレスが多い月や寝る時刻が遅くなった月は、生理の遅れや生理痛といった月経不調が起こりやすくなるのです。

たとえ今は「若さ」によってカバーできていたとしても、体内時計が乱れ、いずれ臓器に負担がかかってしまいます。不規則な生活というのは、喫煙による発がんと同じように、苦痛のない数十年を経てから脳卒中や糖尿病、認知症などを引き起こすことがわかっています。5年後も10年後も30年後も、あなたはあなた。いつまでも健康的に、そして美しくあるためにも、自律神経のバランスを整えることは必要不可欠なのです。

何事にも頑張る女性は素敵。けれども、それがあなたの身体を、心を乱す原因になっているかもしれません。

睡眠時間が短くなるくらい仕事や趣味に没頭するのではなく、ぜひとも自分に必要な睡眠時間を確保してください。そして、その睡眠の質を高めることこそ、健康だけでなくあなたの美しさをいつまでも継続させる方法なのです。

リアル熟睡子たちの睡眠改善FILE

サロンに通う生徒さんたちの実例です！

「寝すぎ子＆寝なすぎ子」タイプのMさん（31歳）

背景

実力主義の職場で毎日緊張の中で働く外資系企業勤務。朝早くから夜遅くまで仕事をし、3食の食事も仕事をしながら。頑張りすぎる性格で睡眠やリラックスすることを後回しにし、常にストレスを抱える生活。運動の習慣がなかったり食事の偏りもあり。

課題点

- 睡眠不足、寝起きの悪さ
- 口内炎
- 耳の閉塞感
- 生理痛
- 上半身の脂肪、姿勢の悪さ

対策

- CHAPTER1の逆算美容で確実に体内時計を整えるための時間軸を設定
- CHAPTER2で就寝前のうっとり習慣の重要性を認識いただき、特に『寝る前の習慣にしたい快眠アニマルストレッチ（P.52）』のミツバチの温熱法を重点的に実施して副交感神経を優位に。
- 仕事量の多さに勤務中に息が詰まることが多かったため、積極的に休息し、『熟睡スイッチが入る、ウオームインプットの魔法（P.44）』の目と耳の温めを、手のひらで実施。
- 自身のストレスの癖を把握してもらい、『「考える」ことで悩みがちな自分から卒業する！（P.144）』で「悩む」から「考える」にシフト。『ストレスの賢い対処法は、うっとり習慣のスペシャリテ（P.146）』でご自身のストレッサーを小さくするために仕事量と時間を具体的にコントロール。
- 『忙しい女子のための残業ごはんは食前のガムがポイント（P.132）』のように、22時に夕食を摂っていたのを、18時頃に職場で分食していただき、しばらくしたのち定時退社にチェンジ。
- 『いつでもどこでも、ながらエクササイズ（P.124）』の運動指導や、姿勢の矯正。
- 口内炎対策のため、『うっとりフードで美しい細胞に生まれ変わる（P.136）』の特に月経前の細胞分裂を促す食生活を強化。

結果

- 1週間後には、長年悩んでいた耳の閉塞感がなくなる。
- 食生活指導後1週間以内に、常に口の中にできていた口内炎が皆無に。
- 生理痛でピルが手放せなかったのに、1か月後の月経では痛みなし。
- 妊娠希望後、すぐに妊娠。
- 目標体重達成。

生徒さんの感想

世界が違って
見えてくる時すら
あるような
気がします

「時差ボケ子」タイプのIさん（35歳）

背景

婚約者と同棲をしたばかりの医療事務OL。平日は睡眠時間が短く何度も二度寝三度寝を繰り返す朝。しかし休日の睡眠時間はかなり長く、土日はいつも遅寝遅起きでブランチ習慣。湯船にほとんどつからず、食生活のバランスも悪く栄養が足りていないため、甘いスイーツが毎日欠かせない状況。

課題点

- 月曜日の寝起きの悪さ、だるさ
- 手足の冷え
- 脂肪蓄積
- 頻繁に風邪ひき、頭痛、肩こり
- 常に人間関係などストレスの悩み

対策

- CHAPTER1＆2で、週末に乱れがちな体内時計を整備。『「月曜日がつらい」を解決する（P.118）』『長期休みはキャンプへ行こう！（P.120）』『休日のブランチは不美人の始まり!?（P.130）』などで、土日の過ごし方を改善。
- 毎日頻繁にスイーツを摂取する方に多いのが、血糖値の激しい変化による心の不安定。『睡眠の質を高める、理想の食生活（P.134）』の通り、3食の食生活を改善し、自然にスイーツを食べない身体づくりを実施。
- 同棲したばかりで家事のための時間をうまく割けないこともあり、入浴や自分の身体を癒やす時間をとれないことも原因としてあったため、再度逆算美容で家事時間を確保し、同時に効率的に過ごす方法を検討し、CHAPTER4のシャワー浴から毎日入浴の生活に。
- 『いつでもどこでも、ながらエクササイズ（P.124）』で職場トイレでの運動の習慣を定着。

結果

- 寝つきと寝起きが向上。二度寝欲がなくなる。
- がむしゃらな運動は一切せず、10か月で体重－9kgを達成。
- いつもニコニコが絶えない女性に変化。
- 冷え性が緩和し、高温期には37℃台に。
- 風邪をひきにくくなり、持病の鼻炎も緩和。肩こりや頭痛は皆無に。
- 何かトラブルがあった時も、前向きに自分の力で改善するまでに成長。

生徒さんの感想

本当にフルーラに通ったこと、先生に出会えたことは宝物です

「ストレスフル子」タイプのKさん（23歳）

背景

デスクワーク3年目OL。実家暮らし。職場の人間関係や仕事の内容などで悩み、自分なんて……というマイナス思考の要素あり。笑顔が少なく、身体のこわばりがある。仕事のため自分の時間を犠牲にして働くところがあり、睡眠時間が短い。

課題点

- 寝つきが悪く、中途覚醒
- 胃の不快感
- 食欲不振
- 冷え性
- 生理不順
- だるさ
- 腰痛
- 肩こり
- マイナス思考
- 痩せ気味
- 低体温

対策

- 『「考える」ことで悩みがちな自分から卒業する！（P.144）』の通り、「悩む」から「考える」にシフトし、『ストレスの賢い対処法は、うっとり習慣のスペシャリテ（P.146）』のように今あるストレッサーを小さく、また適応力を大きくするための具体的対策を実施。
- 『うっとり美人は頑張りすぎない（P.150）』をご認識いただき、自分の好きなところをノートに書く習慣をつけ、自分に対して負の感情を抱くクセから、よいところ、好きなところにフォーカスする習慣づくりを実施。
- 具体的にストレッサーを小さくするために会社に交渉し、残業をなくし、時間を確保してから、逆算美容で時間軸を定めて睡眠改善を加速。低体温を向上させるためP.94のHSP入浴法を実施。
- 通勤中や勤務中に光を浴びる時間が少なかったり、運動頻度が少なかったため、積極的に日中の活動を増加する工夫を実施。

結果

- 寝つきの悪さや中途覚醒が改善。
- 1週間以内に、食欲が再開し、食事量が増えたおかげで、1か月2kgペースで増量でき、理想の体重を達成。
- 1週間以内に肩こりが解消。
- 胃の不調が2週間ほどで正常化。
- 自分に対する感情が楽になり、幸せを感じやすくなった。

生徒さんの感想

2か月間で驚くほどの変化があり、本当に通ってよかったと心の底から感じています

「眠りの浅子」タイプのRさん（24歳）

背景

婚約中の彼と半同棲中。仕事を頑張りすぎる傾向があり、ストレスがたまりがち。彼とのケンカが絶えず、常にイライラ。食後にうとうとと寝てしまう習慣がある。食事時刻や食献立に偏りがあり、間食が多い。

課題点

- 寝起きが悪い、毎日二度寝が欠かせない
- 手足の冷え
- 二の腕や肩甲骨の脂肪
- イライラしやすい
- 彼とケンカをしやすい

対策

- CHAPTER1〜3の通り、逆算美容で体内時計や自律神経バランスを向上。
- 『朝の二度寝より、昼寝で美人になる（P.114）』の通り、眠りの浅さの原因である夜の仮眠をゼロにし、眠くなったら別の行動に移す習慣を定着。
- 昼食と夕食の時刻が開きすぎていることから間食が多かったため、『忙しい女子のための残業ごはんは食前のガムがポイント（P.132）』の通り、仕事終わりが遅くなる時は、夕飯を分食して、食献立も改善。
- イライラした時は、『寝る前のイライラの賢い対処法（P.62）』のようにまず、自律神経バランスを整えるための呼吸法を実施し、『考え方を変えると熟睡スイッチがONになる（P.148）』の通り、イライラした時のバランスのとれた考え方を取り入れる習慣を定着。
- 『いつでもどこでも、ながらエクササイズ（P.124）』の運動や、所作や歩き方、仕草も教育。

結果

- 目覚まし時計が鳴る前に目覚めるようになり、寝起きが改善。
- 間食がなくなり、3食バランスのよい食生活を送れた。
- 人とスムーズに会話する術を習得。ストレッサーの減少と適応力の向上を行ったことでケンカが大きく減り、イライラ激減。
- 過度な運動はせず、余分な脂肪を減少。目標体重－2kgを達成。

生徒さんの感想

フルーラに通った2か月間は、今後の人生において、私の生活の軸となると思います

おわりに

冒頭でもお話しましたが、私がこの道を歩むようになったのは、体調を大きく崩したことがきっかけでした。

身体を壊した経験って、一般的に、「不幸」と片づけられてしまいがちで、隠したくなるようなことかもしれません。でも、私のこの経験は、多くの女性を救うための「使命」だと感じました。なぜなら、私がこうした経験をしたことで、同じような経験で悩んでいる方があまりにも多いことに気づけたからです。

「みんなそれぞれ身体の悩みがあったんや。ウチが実践して成功したその行動をもっと具体的に専門的に体系立てて伝えていくことで、みんなの助けになるのかもしれへん」

そう心から思いました。その後、勉強を重ねて、今の私があります。

だから、私にとっては不幸ではなく、むしろ「幸せ」の出来事なんです。

私は今、六本木で生活習慣改善サロンFluraというサロンを主催しています。同じようにお悩みの方から、もっとキレイになりたいと願う方まで様々な目的を持ってお通いいただいています。

私は本当に生徒さんが大好きで。生徒さんの人生に携わって、この生徒さんがもっと幸せに、もっと自分らしく、もっとイキイキとなるにはどうしたらよいか、いつも生徒さんと一緒に考えています。そんな時間は私にとって本当にかけがえのないもので、この道に進めたことを心の底から感謝しています。


でも、一人で悩んでいる方も本当に多いと思います。今の世の中は、一見便利に見えても、睡眠不足や自律神経・体内時計の乱れの原因となるものが本当に溢れていて。体調不良になっても、頑張ることが素晴らしいとされている日本では、歯を食いしばって頑張るしか道はなく、病院に行っても、ストレスと片づけられてしまって、どうすることもできずに悩んでいる方々。いつもご遠方の方からのSOSを受けていて、「なんとかしなあかん」と常々思っていました。

でも、私の身体はひとつ。だからこそ、今回、私のこの思いを、この本にまとめることができて、本当に嬉しく思っています。早くみんなの手に届けたい、一人でも多くの方を助けたい！　心からそう思います。

最後に、今回本を作る上でサポートしてくださった方々に深く感謝申し上げます。皆さんのあの支えが、あの励ましがあったからこそ、今の自分があるんだなと思います。心からの感謝と愛を込めて……ありがとうございました。

小林麻利子

参考文献

■ 論文

Kripke,D.F.,Garfinkel,L.,Wingard,D.L.,Klauber,M.R.,and Maeler,M.R.:Mortality associated with sleep duration and insomnia,Aech Gen Psychiatry,59,131-136,(2002)

K.Nagai, M.Tanida, A.Niijima, N.Tsuruoka, Y.Kiso, Y.Horii, J.Shen & N.Okumura: Amino Acids,43,97(2012).

Y.Horii, J.Shen, Y.Fujisaki, K.Yoshida & K.Nagai:Neurosci.Lett.,510,1(2012).

D.Yamajuku, S.Okubo, T.Haruma, T.Inagaki, Y.Okuda, T.Kojima, K.Noutomi, S.Hashimoto & H.Oda:Circulation Res.,105,545(2009).

M.Hatori, C.Vollmers, A.Zarrinpar, L.DiTacchio, E.A.Bushong, S.Gill, M.Leblanc, A.Chaix, M.Joens, J.A.Fitzpatrick et al.:Cell Metab.,15,848(2012).

Crowley SJ, Carskadon MA. Modifications to weekend recovery sleep delay circadian phase in older adolescents. Chronobiol Int 2010;27:1469-1492

Czeisler CA, Buxton, OM. The Human Circadian Timing System and Sleep-Wake Regulation. Kryger, M., Roth, T., Dement, W. ed. Principles and Practice of Sleep Medicine, 5th edition. Philadelphia: W.B. Saunders Company, 2010;402-419

Khalsa SB, Jewett ME, Cajochen C, Czeisler CA. A phase response curve to single bright light pulses in human subjects. J Physiol 2003;549:945-952

Yang CM, Spielman AJ, D'Ambrosio P, et al. A single dose of melatonin prevents the phase delay associated with a delayed weekend sleep pattern. Sleep. 2001; 24: 272-281.

Taylor A, Wright HR, Lack LC. Sleeping-in on the weekend delays circadian phase and increases sleepiness the following week. Sleep Biol. Rhythms. 2008; 6: 172-179.

Higuchi et al. (2003) Effects of VDT tasks with a bright display at night on melatonin, core temperature, heart rate, and sleepiness. J Appl Physiol 94(5): 1773-1776 S.

Higuchi et al (2005) Effects of Playing a Computer Game Using a Bright Display on Pre-Sleep Physiological Variables, Sleep Latency, Slow Wave Sleep and REM Sleep. J Sleep Res 14(3): 267-273

Higuchi et al (2007) Less exposure to daily ambient light in winter increases sensitivity of melatonin to light suppression. Chronobiol Int 24 (1), 31-43.3.

Higuchi et al (2007) Influence of eye colors of Caucasians and Asians on suppression of nocturnal melatonin secretion by light. Am J Phyiol Regul Integr Comp Physiol, 292, R2352-2356

Figueiro MG, Rea MS, Bullough JD: Neurosci Lett 406:293-297 (2006)

■ 書籍

『睡眠学-眠りの科学・医歯薬学・社会学』高橋清久編（じほう）

『病気がみえる-脳・神経-』岡庭豊（メディックメディア）

『体内時計のふしぎ』明石真（光文社新書）

『化学と生物 Vol.51 』p.160-167永井克也「自律神経による生体制御とその利用」（国際文献社）

『基礎講座　睡眠改善学』日本睡眠改善協議会編（ゆまに書房）

『応用講座　睡眠改善学』日本睡眠改善協議会編（ゆまに書房）

『快適睡眠のすすめ』堀忠雄（岩波新書）

『時間栄養学』香川靖雄編（女子栄養大学出版部）

『エッセンシャル・キネシオロジー-機能的運動学の基礎と臨床原書-』Paul Jackson Mansfield、弓岡光徳監訳（南江堂）

『ホントによく効くリンパとツボの本』加藤雅俊（日本文芸社）

『アロマテラピーコンプリートブック上巻』ライブラ香りの学校編（BABジャパン）

『フランスの植物療法』Loic Bureau、永井克也監訳（フレグランスジャーナル社）

『日本看護研究学会雑誌』有田広美、大島千佳他「自律神経活動からみたホットパック温罨法のリラクゼーション効果ー頸部と腰部の施行部位を比較してー」 29(3),254,2006.（日本看護研究学会）

『日本看護技術学会第9回学術集会講演抄録集』藤田直子、山勢博彰他「頸部温罨法が与えるリラクゼーション効果」 2010, p.95.（日本看護技術学会）

『日本生理人類学会誌』小崎智照、伊那深雪、安河内郎「午前中の異なる光強度によるメラトニン分泌開始時刻（DLMO）への作用ならびに概日リズム位相との関係」, 2004,p7-11.（日本生理人類学会）

『不眠研究』榎本みのり、岡田清夏、樋口重和、肥田晶子、北村真吾、三島和夫「メラトニン分泌開始時刻（DLMO）と入眠潜時の関係」,2011,201155ー56.（三原医学社）

『第44回 日本大学理工学部学術講演会論文集』町田、濱村、園部「全身振動感覚の強度判断に及ぼす音刺激の影響」, p.340（日本大学理工学部）

ナイトケアアドバイザー

小林麻利子

Mariko Kobayashi

京都府京都市生まれ、同志社大学卒。

睡眠改善インストラクター、温泉入浴指導員、ヨガインストラクター、アロマテラピーインストラクター、食生活管理士、上級心理カウンセラー。

「美は自律神経を整えることから」を掲げ、生活習慣改善サロンFluraを主宰。睡眠や入浴など日々のルーティンを見直すことで美人をつくる、「うっとり美容」を指導。のべ約1000名の女性の悩みを解決し、現在は4か月先まで予約待ち。講演活動やweb連載のほか、テレビ・雑誌でも活動中。

美人をつくる熟睡スイッチ

初版発行　2016年11月30日
第3刷発行　2018年3月4日
著者　小林麻利子
編集発行人　坂尾昌昭
発行所　株式会社G.B.
〒102-0072　東京都千代田区飯田橋4-1-5
電話　03-3221-8013
FAX　03-3221-8814
http://www.gbnet.co.jp
印刷所　大日本印刷株式会社

本書の無断転載・複製を禁じます。

乱丁・落丁本はお取り替えいたします。

© Mariko Kobayashi/G.B.Company 2016 Printed in Japan

ISBN：978-4-906993-30-7